JANA HIGHHOLDER

Double the Blessing

W0109142

JANA HIGHHOLDER

Double the Blessing

GOTT HAT NOCH WAS VOR

HERDER

FREIBURG · BASEL · WIEN

Wenn nicht anders angegeben, so sind die Bibelstellen der Übersetzung
Hoffnung für alle® entnommen, © 1983, 1996, 2002, 2015 by Biblica, Inc.®.
Verwendet mit freundlicher Genehmigung des Herausgebers Fontis.

Des Weiteren wurden die folgenden Bibelübersetzungen verwendet:
Lutherbibel, revidiert 2017, © 2016 Deutsche Bibelgesellschaft, Stuttgart (LUT)
Neues Leben. Die Bibel © der deutschen Ausgabe 2002 / 2006 / 2017 SCM
R. Brockhaus in der SCM Verlagsgruppe GmbH,
Max-Eyth-Str. 41, 71088 Holzgerlingen (NLB)

2. Auflage

© Verlag Herder GmbH, Freiburg 2021
Alle Rechte vorbehalten
www.herder.de

Satz: Grafikstudio Foerster, Belgern
Herstellung: PB Tisk, a.s., PŘÍBRAM

Printed in the Czech Republic
ISBN Print: 978-3-451-03285-1
ISBN E-Book: 978-3-451-82231-5

Für alle, mit denen Gott Geschichte schreibt.

Also auch für dich.

Inhalt

Solange ich atme

I ch bin Jana und der festen Überzeugung, dass die besten Geschichten jene sind, die Gott schreibt. Ich bin Medizinstudentin, mittlerweile im fünften Jahr, 22 Jahre alt, Buchautorin und eine der einflussreichsten christlichen Influencerinnen im deutschsprachigen Raum. Ich laufe Jesus hinterher und einer Generation voraus, habe die Ehre und Freude, das Evangelium zu verkünden, auf Bühnen zu stehen, Seminare zu geben und dort von dem zu erzählen, an den ich glaube. Ich glaube an einen triumphalen Gott, der uns mit seinem Triumphzug vorausgeht und uns darin mitführt. An einen Gott, der ein Leben in Fülle und im Überfluss für uns hat. Und das nicht, weil in meinem Leben alles immer easy-peasy und der Himmel immer strahlend blau war, ganz im Gegenteil, sondern weil ich auch an den Regentagen meines Lebens diesen guten Gott erlebt und an ihm festgehalten habe und weil er sich mir immer als gut bewiesen und gezeigt hat.

In diesem Buch will ich nicht nur meine Geschichte erzählen. Ich will dich dazu ermutigen, deine eigene Geschichte zu erzählen und sie mutig weiterzuschreiben. Denn ich bin mir sicher, dass Gott auch dich gesegnet hat und dich gebrauchen kann, um seinen Segen auf dieser Welt weiterzugeben.

Um deine Geschichte zu erzählen, musst du zunächst wissen, wo sie anfängt. Jede Geschichte hat einen Anfang, aber du musst diesen Anfang erst finden. Wie hat deine Geschichte begonnen, wo hat sie begonnen, womit, wodurch, mit wem hat deine Geschichte, vielleicht auch deine Geschichte mit Gott, ganz bewusst angefangen? Vielleicht war dir das in dem Moment auch gar nicht klar und erst im Rückblick erkennst du, an welchem Punkt Gott seine Geschichte mit dir begonnen hat.

Meine Geschichte beginnt so: Ich bin in einem christlichen Elternhaus aufgewachsen. Wenn ich mit anderen Leuten über mein Leben und meinen Glauben spreche, höre ich manchmal: »Klar bist du gläubig, Jana, du bist ja auch in einem christlichen Elternhaus aufgewachsen, das ist deine Prägung. Du hast deinen Glauben einfach von deinen Eltern übernommen.« Es klingt dann fast wie ein Vorwurf, als wäre mein Glaube damit irgendwie ziemlich naiv.

Immer wieder höre ich von jungen Menschen, die ihre eigene Geschichte fast entschuldigend mit den Worten beginnen: »Ich habe keine krasse Geschichte, ich war nicht drogensüchtig. Ich kann nicht erzählen, dass ich aus kaputten Verhältnissen komme, Jesus mich gerettet hat und ich dann eine 180-Grad-Wendung gemacht habe.« Sie erzählen ihre Geschichte, als sei ein christliches Elternhaus etwas, für das sie sich entschuldigen müssen und als sei ihre Geschichte es nicht wert, erzählt zu werden.

Ich will dir sagen, dass auch eine Geschichte, die so beginnt, krass ist, denn eine Kindheit in einem christlichen Elternhaus ist ein Luxus – wirklich. Ich sehe darin immer wieder die Gunst Gottes. Den Segen zu erleben, in einem christlichen Elternhaus aufzuwachsen, ist ein riesiges Privileg. Deine Eltern öffnen dir von klein auf deinen Blick und weisen dich darauf hin, dass es so viel mehr in dieser Welt gibt als das, was offensichtlich und vor Augen ist. Sicherlich ist es wahr, dass es »leichter« ist, zu Gott zu finden, wenn man von seiner Kindheit an einen Bezug zum Glauben hatte – und dennoch ist es nicht selbstverständlich. Genauso aber ist es für Gott ganz und gar nicht unmöglich, dich zu finden, wenn du aus totalem Zerbruch kommst. Gott ist überall und immer derselbe.

Meine Eltern haben mit 18 geheiratet und sind aus Russland nach Deutschland gekommen. Sie kommen aus Familien, die zwar materiell nie besonders viel, aber immer einen großen Zusammenhalt und feste Prinzipien hatten. Das hat mich enorm geprägt. Meine Mutter und mein Vater hatten eine klare Haltung: Gemeinsam schaffen wir alles. Sie wussten, dass es Dinge auf dieser Welt gibt, die dir niemand nehmen kann. Zum Beispiel Beziehung und Bildung. Meine Eltern haben mich immer ermutigt zu lernen, weil Wissen etwas ist, das dir nicht über Nacht geschenkt wird, aber auch nicht über Nacht genommen werden kann, und weil Bildung dir hilft, im Leben zurechtzukommen. Sie haben mir vorgelebt, dass Beziehungen das wertvollste Fundament eines Einzelnen sind – und so Gemeinschaft entsteht.

Für mich sind meine Eltern wahre Helden. Sie sind mit nichts aus einem fremden Land gekommen, in einem sehr jungen Alter, und habe mit Treue, Ehrfurcht und Gottvertrauen begonnen, sich ein Leben aufzubauen, das mich staunen lässt. Für sie gab es immer noch etwas viel Größeres: ihr Glaube an einen Gott, der es gut mit uns meint. Meine Eltern haben mir vorgelebt, was es heißt, darauf zu vertrauen, dass auch in unsichersten Zeiten des Lebens ein guter Gott über dir, neben dir und hinter dir steht und dir vorausgeht.

Viele Leute glauben: Jana hat sicher superehrgeizige Eltern, die sie dazu drängen, raus auf die Bühnen zu gehen und erfolgreich zu sein. Doch der Weg, den ich gehe, ist mein eigener Weg. Die Dinge, die ich erlebt habe, waren meinen Eltern fremd, und die Orte, an die ich gegangen bin, waren Plätze, die meinen Eltern unbekannt waren und sind. Meine Eltern wussten gar nicht um all die Möglichkeiten, die es gibt. In mir selbst war die Neugierde, der Drang und die Suche nach mehr. Ich habe an Türen geklopft und bin einfach mutig durchgegangen. Auf diesen Wegen standen meine Eltern immer als Anfeuerer, Ermutiger und Unterstützer hinter mir. Und das tun sie auch heute noch. Heute Morgen musste ich zum Beispiel einen sehr frühen Zug nehmen, um rechtzeitig zu einem Termin in meinem Verlag zu sein. Für meinen Vater war es selbstverständlich, dass er mich um fünf Uhr morgens zum Bahnhof fährt. Sie taten immer und tun heute noch alles, was sie können.

Auch im Glauben bin ich meinen eigenen Weg gegangen. Meine Eltern haben mir ein Urvertrauen in Gott und eine tiefe Liebe zu ihm mitgegeben, aber meinen Glaubensweg bin ich allein gegangen. Heute gehe ich meinen Eltern auch oft im Glauben voraus und darf sie ermutigen.

So wie ich auf meinen eigenen Wegen von Gott geführt wurde, so führt er auch dich. Was ich auf meinem Weg erlebt habe, das will ich in diesem Buch erzählen. Jede Geschichte hat nicht nur einen Anfang, sondern auch markante Ereignisse. Es gibt Dinge, von denen werde ich auch in zwanzig oder dreißig Jahren immer noch berichten können. Sie begründen meine Perspektive und haben meine Herzenshaltung geprägt. Dabei ist natürlich nicht jeder Tag meines Lebens außergewöhnlich, denn alle Geschichten haben markante Ereignisse und genauso auch wertvolle Randnotizen. An meine Unter- und Mittelstufenzeit habe ich zum Beispiel kaum noch Erinnerungen, außer dass ich jeden Morgen zur Schule gegangen bin und nachmittags wiedergekommen bin, und das war's. Trotzdem sind auch solche Zeiten welche, in denen wir wachsen und wichtige Erfahrungen machen, auch wenn wir uns später oft nicht mehr an sie erinnern können. Aber es gibt eben auch Erlebnisse, die besonders, einschneidend und lebensverändernd sind, und an diese Gegebenheiten erinnerst du dich mit Sicherheit dein ganzes Leben lang. Sie sind für mich die Landmarken des Lebens.

An der ersten Landmarke meines Lebenswegs stand ich mit sechs Jahren. Damals wurde bei mir akute lymphatische Leukämie, kurz ALL, diagnostiziert. ALL ist die häufigste Form von Blutkrebs im Kindesalter. Die Diagnose bekam ich kurz nach meinem sechsten Geburtstag. Von diesem Geburtstag gibt es ein Foto: Ich trage eine selbst gebastelte Papierkrone mit einer Sechs, die ich aus buntem Papier ausgeschnitten und falsch herum auf die Krone geklebt habe – eigentlich ein sehr lustiges Bild. Doch wenn ich heute dieses Bild betrachte, fällt mir sofort auf, dass mein Gesicht weiß wie die Wand war. Rund um diesen Geburtstag bekam ich so heftige Bauchschmerzen, dass meine Mama mit mir zum Kinderarzt fuhr. Dieser Kinderarzt schickte uns sofort ins Krankenhaus und rettete mir damit das Leben. Im Krankenhaus ging alles ganz schnell: Ich bekam Blut abgenommen und es wurden viele Tests gemacht. Ich erinnere mich, dass ich wenige Tage später in meinem Krankenhausbett lag und Mama weinend neben mir saß.

Ich weiß noch, dass der Arzt zu mir ans Bett kam und sagte: »Jana, du musst jetzt ein bisschen länger hierbleiben.« Mich irritierte das und ich fragte: »Wie lange denn? Ein paar Tage, eine Woche?« Da schüttelte er nur den Kopf: »Nein, das wird länger dauern, du hast Krebs.« In diesem Moment fing meine Mama noch heftiger an zu weinen. Und da sagte ich einen Satz, an den wir beide uns heute noch erinnern: »Mama, weine nicht, Gott schleppt uns da durch.« Das war der erste bewusste Satz, den ich im Glauben gesprochen habe. Schon vorher bin ich in den Kindergottesdienst gegangen, aber ich kann mich nicht erinnern, dass meine lebendige Beziehung zu Gott oder ein Gespräch mit Gott vor diesem ersten Satz stattgefunden hat. Meine Geschichte mit Gott beginnt daher in diesem Krankenhauszimmer, in diesem Moment, im Alter von sechs Jahren.

Gottes Geschichte mit mir beginnt jedoch nicht erst in diesem Krankenhausbett. Sie beginnt viel früher. In der Bibel steht, dass Gott mich im Leib meiner Mutter geformt hat. Gott hat an mein Leben schon lange vor meiner Geburt gedacht. Er hat mich erschaffen und in diese Welt platziert und sein Ja über mein Leben ausgesprochen. Er hat mir sein Ja über mein Leben das erste Mal gegeben und er hat es mir auch das zweite Mal gegeben. Ich durfte weiterleben.

Während meiner Krebserkrankung musste ich neun Monate im Krankenhaus verbringen. Ich bekam eine Chemotherapie, verlor meine Haare, fühlte mich schlapp und schwach. Es gibt ein Ereignis, an das ich mich gut erinnere: Ich wollte trotz allem die Hoffnung nicht aufgeben, mit meinem neuen Schulranzen und meiner Schultüte zu meiner Einschulungsfeier zu gehen. Also hoffte ich jeden Tag, dass meine Blutwerte vielleicht doch den richtigen Wert erreichen würden. Doch meine Hoffnung sollte sich nicht erfüllen. Kurz vor der Einschulungsfeier waren meine Blutwerte sogar so schlecht, dass ich zeitweise nicht einmal mehr mein Zimmer verlassen durfte. Statt großer Einschulungsfeier mit vielen Kindern hieß es für mich »Mundschutz/Kittel«. »Mundschutz/Kittel« bedeutete, dass ich in meinem Zimmer isoliert wurde und alle, die reinkamen, einen Mundschutz und einen Kittel anziehen mussten. »Mundschutz/Kittel« war das Schlimmste, was dir als Kind auf dieser Station passieren konnte, denn es bedeutete, dass du nicht mit den anderen Kindern zusammen sein konntest. Während die anderen miteinander spielten, galt für dich »Mundschutz/Kittel«. So saß ich nun allein in meinem Krankenhauszimmer und als klar war, dass ich nicht zu meiner Einschulungsfeier gehen konnte und diesen Tag nicht miterleben durfte, war ich so traurig, dass ich meine Buntstifte mit beiden Händen umklammerte und wütend den weißen Tisch in meinem Krankenzimmer vollkritzelte. Ich war enttäuscht – auch von diesem guten Gott.

Auch in dieser Zeit erlebte ich jedoch, dass Gott treu war und mich nicht vergessen hat. Denn in all dieser Herausforderung gab es immer wieder Hoffnung. Und so konnte ich am

Tag meiner Einschulung zwar nicht morgens mit allen anderen Kindern an der großen Feier teilnehmen, aber meine Grundschullehrerin öffnete mir später am Nachmittag, als alle weg waren, die Türen. Sie nahm sich viel Zeit, um mich allein durch die leeren Hallen der Schule und die Klassenräume zu führen. Noch heute lebe ich mit dieser ersten Lehrerin von damals Beziehung: Wir sehen uns in unregelmäßiger Regelmäßigkeit und ihre Begleitung durch mein Leben ist wertvoll für mich.

Nicht nur die große Einschulungsfeier fiel für mich aus. Auch am Sankt-Martins-Zug konnte ich nicht teilnehmen. Mein Papa wusste, wie gern ich mit meiner Laterne durch die Straßen gelaufen wäre, und hatte eine Idee. Am nächsten Tag, als alle schon weg waren, ging er mit mir allein die gleiche Strecke. Und so veranstalteten wir einfach unseren eigenen Martinsumzug: Einer sagte »Wir«, der andere »haben«, der Erste wieder »unseren«, der andere dann »eigenen« und dann riefen wir zusammen »Zug!«. Das war das pure Glück in dieser Zeit.

Diese Erlebnisse haben mich unheimlich geprägt. Heute weiß ich: Wenn man in der Masse nicht mitgehen kann, ist Gott ein Gott, der dem Einzelnen nachgeht und der den Einzelnen sieht. Er ist ein Gott, der mich schon damals als Einzelne sah. Und mich nicht alleine gehen ließ. Schon früh wurde mir so der Wert von Gemeinschaft und Familie bewusst. Nur gemeinsam konnte diese Zeit durchgestanden werden.

Viele Leute fragen mich: »Jana, hast du dir nie die Frage gestellt: ›Warum du?‹ und ›Wie konnte ein guter Gott zulassen, dass du an Krebs erkrankt bist? Du warst doch so ein kleines Kind. Und was ist es eigentlich mit allen andern, die es nicht geschafft haben, gesund zu werden?‹« Ich habe auf die Frage

»Warum ich?« keine Antwort. Aber ich trage eine Gewissheit im Herzen: Ich glaube, dass Gott uns nie mehr aufträgt, als wir gemeinsam tragen können. Ich sehe, dass Menschen an ihren Schicksalen zugrunde gehen können, weil sie ihre Last allein nicht mehr tragen können. Doch ich weiß, dass ich gar nicht aufgefordert bin, allein zu tragen. Gott stellt uns Menschen an die Seite, die mit uns durch die Dunkelheit gehen. Ich bin eingeladen, die Last auf die Schultern derer zu verteilen, die mich umgeben. Und ich weiß, dass Gott mir zu keiner Zeit von der Seite weicht. Ich darf meine Abhängigkeit von Gott annehmen und zu ihm sagen: »Du trägst mit mir mit. Und manchmal trägst du mich sogar.« Darum glaube ich, dass wir nicht mehr tragen müssen, als wir gemeinsam tragen können.

Heute sage ich nicht, dass ich dankbar für meine Krankheit bin, auf keinen Fall. Doch ich bin dankbar dafür, wie mich diese Erfahrungen geprägt haben, denn diese Zeit der Krankheit begründet ganz entscheidend meine Herzenshaltung und meine Sicht aufs Leben. In jungen Jahren wurde mir etwas bewusst, was mir ohne meine Krebserkrankung vielleicht erst viel später bewusst geworden wäre: Das Leben ist endlich und wann es vorbeigeht, das weißt du nie. Denn welche Kinder der Station am nächsten Morgen wieder aufwachen würden, das war nie sicher. Und so wurde jeder Tag zu einem echten Geschenk, zu einem echten Segen, zu einer wahren Freude und die vielen kleinen Dinge wurden wertgeschätzt. Wenn meine Mama mir Nudeln mitgebracht hat und die Soße in eine zweite Dose gefüllt hatte, weil ich die Nudeln lieber aß, wenn die Soße noch nicht durchgezogen ist, dann habe ich mich gefreut, wie ein kleines Kind sich eben freuen kann. Und diese kindliche

Freude ist etwas, was ich auch heute noch erleben kann, weil ich weiß, dass im Leben nichts selbstverständlich und es zu jedem Zeitpunkt endlich ist. Doch dieser Gedanke macht mich nicht ängstlich. Meine Gedanken kreisen nicht unaufhörlich darum, dass das Leben morgen vorbei sein könnte. Nein, diese Erkenntnis macht mich dankbar für den Tag, den ich heute verbringe, und für den Moment, den ich heute erlebe, und für die Menschen, die ich heute um mich habe – und für die Nudeln mit Soße, die ich heute essen kann.

Die zweite Einsicht, die ich aus dieser Zeit heute noch habe, ist: Jugend schützt dich nicht. Wir sagen immer: »Wir haben noch so viel Zeit. Alles liegt vor uns. Wenn nicht heute, dann halt morgen.« Aber das stimmt nicht. Du weißt einfach nicht, wie deine Zukunft aussehen wird. Und ich glaube, es ist die Arroganz unserer Zeit und es ist die Arroganz meiner Generation und der Jugend zu sagen: »Für uns gibt es doch keine Limits, wir sind doch jung und haben noch ewig Zeit. Wir lassen uns einfach mal treiben.« Und so verschwenden wir unsere Zeit, unsere Ressourcen und unser Leben. So gehen wir und unsere gesamte Gesellschaft nicht nur mit unserer Zeit, sondern auch mit unseren Körpern und unserer Gesundheit um. Solange du nicht direkt am Abgrund stehst, bist du dir deines Limits nicht bewusst. Doch das Leben ist endlich und Jugend schützt dich nicht.

Durch meine Erkrankung habe ich schon früh verstanden, dass ich das Leben nicht selbst in der Hand habe. Ich habe noch nie die Sonne aufgehen lassen und lasse sie auch an keinem Abend wieder untergehen. Es muss eine Hand über mir geben, die alles in den Händen hält, einen Schöpfer, der seinen

Geschöpfen das Leben schenkt. Ich bin ganz und gar abhängig von einem Gott, der mir das Leben geschenkt hat und der mein Leben immer wieder bejaht.

Wir leben in einer Zeit, in der eigentlich kein Mensch abhängig sein will. Abhängigkeit ist heute ein extrem negativ besetztes Wort. Schließlich wollen wir alle frei und selbstbestimmt sein und tun und lassen können, was wir wollen. Ich aber glaube, dass es das Natürlichste auf der Welt ist, dass ein Geschöpf von seinem Schöpfer abhängig ist. Dass ein kleines Kind von der Liebe seiner Eltern abhängig ist, ist für uns schließlich auch völlig normal. Es ist abhängig von der Fürsorge, der Liebe und der Bejahung des Lebens der beiden Menschen, die es initiiert haben. Wie könnte es bei unserem himmlischen Vater anders sein?

Eine tiefe Gewissheit hat sich in mein Herz gebrannt: Solange ich atme und solange ich lebe, bin ich mir sicher: Gott hat noch was mit mir vor. Und das will ich auch dir zusprechen. Solange du atmest, solange du lebst, solange du diese Zeilen noch lesen kannst, darfst du dir sicher sein, dass Gott dich nicht vergessen hast. Du bist ihm nicht aus dem Sichtfeld gerutscht, er hat dich nicht links liegen lassen, du bist in seinem Fokus. Sein direkter Blick liegt auf dir und Gott sehnt sich danach, dass du seinen Blick erwiderst, denn er hat noch etwas mit dir vor. Gott meint es gut mit dir. Er hat auch für dich das Leben in Fülle und im Überfluss. Das heißt nicht, dass es keine Kämpfe geben wird und dass jeden Tag die Sonne scheint, aber dass auch an den Regentagen deines Lebens ein guter Gott seinen Blick auf dich gerichtet hat. Daran halte ich bis heute fest. Und das erlebe ich.

Wenn ich Tage habe, an denen ich nicht weiß, wozu das alles gut sein soll, wozu ich lerne, wozu ich mich investiere oder wann endlich der Himmel wieder aufreißt, dann mache ich Folgendes: Ich fasse mir an meine Halsschlagader und wenn du magst, kannst du das jetzt einfach auch tun. Die Halsschlagader ist das pulsierende Gefäß, das an deinem Hals entlangführt. Ich schließe meine Augen und spüre einfach den Schlag meines Herzens. Und wenn das nicht Motivation genug ist für diesen heutigen Tag, dann weiß ich auch nicht.

Meine Geschichte mit Gott beginnt mit meinem sechsten Lebensjahr. An die Zeit davor kann ich mich schlichtweg nicht erinnern. Doch ich glaube, dass Gottes Geschichte mit mir schon viel früher beginnt. So wie ich das über mein Leben glaube, darfst du das auch über dein Leben glauben. Er hat schon lange vor deiner Geburt an dich gedacht. Er kannte deinen Namen und er kannte dein Leben. Gott hat sich an dir gefreut, noch bevor du auf der Welt warst. Gott wusste um mich und mein Leben und Gott wusste um dich und dein Leben. Und das ist sein Geschenk an dich.

Zwischen den Zeilen

n Interviews werde ich immer wieder auf die markanten Ereignisse meines Lebens angesprochen. Als wären sie die Fundamente meines Glaubens oder die Begründung für alles, was ich bin, denke und tue. Es stimmt, mein bewusster Weg mit Gott hat damals in diesem Krankenhauszimmer mit meiner Krankheit begonnen und diese Zeit hat mich geprägt. Aber die Erfahrungen, die ich damals als Sechsjährige mit Gott gemacht habe, sind nicht das, was meinen Glauben heute begründet. Wenn ich mich heute, über 15 Jahre später, noch immer einzig und allein auf diese Erlebnisse berufen würde, wäre mein Glaube nicht lebendig. Dann hätte ich zwar einmal etwas Intensives mit Gott erlebt, aber das würde nicht ausreichen, um zu begründen, warum ich heute immer noch an ihn glaube.

Schon früh wurde mir klar: Damit du jemanden gern- und lieb haben kannst, musst du ihn kennen und dafür musst du ihn kennenlernen. Selbst ein kleines Kind versteht, dass du erst Zeit mit jemandem verbringen musst, damit ihr echte Freunde werden könnt. Darum habe ich damals schon gedacht: Okay, wenn es Gott gibt, wäre es schlau, ihn kennenzulernen. Auch wenn ich es damals vielleicht noch nicht so formuliert habe, war mir also klar, dass es im Glauben um eine Art von Beziehung geht, eine Beziehung zwischen Gott und mir. Aber wie sollte ich jemanden kennenlernen, der mir nicht gegenübersitzt, den ich nicht anfassen kann, mit dem ich mich scheinbar auch gar nicht unterhalten kann?

Diese Frage galt es zu beantworten. Also habe ich mich auf die Suche gemacht. Meine erste eigene Bibel kaufte ich in der fünften Klasse. Für den Religionsunterricht sollten wir uns damals eine Gute-Nachricht-Bibel kaufen, eine Bibel in moderner Übertragung. Tatsächlich habe ich auch heute, über ein Jahrzehnt später, noch diese Gute-Nachricht-Bibel. Damals habe ich einfach begonnen, in meiner Bibel zu stöbern. Inzwischen fliegen mir lose Seiten entgegen, wenn ich darin blättere. Gefühlt der halbe Text ist bunt markiert und sie ist voller Randnotizen: kleine Daten von Ereignissen, Sorgen übers Abitur und Notizen zu verschiedensten Erlebnissen. So ist in dieser Bibel, ein Buch, das so viele Geschichten erzählt, auch meine eigene Geschichte zu finden.

Während meiner Schulzeit gab es keine Jugendleiter, die mich stark geprägt haben. Ich hatte keinen Mentor, der geistlich in mich investiert, mich im Glauben begleitet, seine Erfahrungen mit mir geteilt und mit mir über meinen Glauben und mein Leben nachgedacht hat. Ich hatte auch keine geistlichen Vorbilder, keine Menschen, die mir im Glauben vorausgegangen sind – abgesehen von meinen Eltern und von meiner Familie. Deswegen finde ich es manchmal durchaus verwunderlich, dass ich heute im Glauben dort stehe, wo ich jetzt stehe.

Aber ich war neugierig und voller Fragen zu Gott und der Bibel. So vieles verstand ich nicht. Warum stand das so in der Bibel und nicht anders? Wenn ich Fragen zu einer Predigt hatte, bin ich nach dem Gottesdienst mit meiner Bibel zum Pastor gegangen und habe ihm gesagt, was ich nicht verstanden habe. Auch dir möchte ich sagen: Sei mutig und frag nach, sei offen und geh selbst auf die Suche. Gott sagt: Wer sucht, der wird mich finden. Denn zum Finden gehört immer auch das Suchen. Um etwas zu finden, um jemanden zu finden, kannst, darfst und musst du selbst auf die Suche gehen. Ich bin heute so bibelfest und stehe so stark im Glauben, weil ich in meiner Kindheit und Jugend viel Zeit mit und in Gottes Wort verbracht habe.

Ich habe früh angefangen, Bibel zu lesen, Fragen zu stellen, und bin dabeigeblieben. Am Anfang, als 13-Jährige, hat mich das Bibellesen echt frustriert. Ich hatte mir fest vorgenommen, jeden Tag in der Bibel zu lesen, aber das fiel mir ziemlich schwer. Damals habe ich gedacht: Warum schaffe ich es nicht, jeden Tag diese Bibellesezeit zu machen? Ich wäre gern kontinuierlicher gewesen. Vieles verstand ich erst viel später. Doch auch wenn es mit meinen Vorsätzen nicht immer geklappt hat, hat sich schon früh eine Haltung abgezeichnet: Ich wollte nah am Herzen Gottes sein und diesen Gott kennenlernen.

Mit diesem Gott verbunden zu sein und zu bleiben, danach sehnte ich mich, und ich wusste, dass der Weg dahin das Gebet ist. Für mich heißt beten mit Gott zu reden. Lange Zeit waren Gebete für mich Monologe. Ich komme vor Gott und sag ihm, was mir auf dem Herzen liegt. So betete ich zum Beispiel in der Schulzeit abends vorm Schlafengehen oder vor den Klassenarbeiten. Ich erzählte, was mich belastete, was ich mir wünschte, wofür ich dankbar war. Lange Zeit hatte ich den Eindruck: Beten bedeutet, dass ich zu Gott komme, ihm sage, was mir auf dem Herzen ist, und dann wieder gehe.

Erst nach vielen Jahren verstand ich, dass Gebete echte Gespräche, also Dialoge, sind. Ich kann zu meinem Gott kommen und ihm erzählen, was mir auf dem Herzen liegt. Der entscheidende Moment, der unser Gespräch und unsren Dialog eröffnet, ist dann der Moment, in dem ich still werde und auf Gottes Antwort warte. Wenn man in einem Gespräch nicht still wird und nicht auf die Antworten seines Gegenübers wartet, dann führt man einen Monolog. Es ist der Moment des Stillwerdens und Zuhörens, der den Dialog eröffnet. Und so hat sich für mich auch meine Vorstellung von Gebet über die Jahre gewandelt.

Nach dem Abi hatte ich sechs Monate frei. In dieser Zeit wollte ich reisen und mir die Welt ansehen. Ich flog in die USA und besuchte viele große Städte an der Ostküste: Ich war in Chicago, Boston, New York. Die gigantischen Wolkenkratzer, von Menschen erbaut, haben mich staunen lassen. Für ein Praktikum flog ich unmittelbar danach in die Schweiz und plötzlich stand ich inmitten von Bergen. Auf einmal staunte ich nicht in Anbetracht von Menschen gemachten Dingen, sondern in Anbetracht von Berggipfeln, die nicht meine und nicht deine Hand dort hingehoben haben, sondern der Schöpfer dieser Welt. Ich stand und wanderte inmitten der Natur und dachte nur: »Heftig, ist das schön!«

In dieser Schöpfung offenbart sich der Schöpfer. Selbst Menschen, die keinen Bezug zu Gott haben, spüren in der Schöpfung die Göttlichkeit. Viele Menschen fühlen sich besonders wohl in der Natur und ich glaube, das ist so, weil sie dort nah am Herzschlag dessen sind, der dafür verantwortlich ist. Sein Kunstwerk trägt seine Handschrift. Deswegen ist für mich Gebet heute auch nicht mehr nur verbal, also nur in Worten. Im Gebet geht es für mich auch um Anbetung, und Anbetung kann still sein. Wenn ich mir vorstelle und wirklich glaube, dass in jedem Moment meines Lebens sein Blick auf mir ruht, dann ist Gebet vielleicht auch, diesen Blick einfach mal zu erwidern und sich im Herzen Gott zuzuwenden. Deshalb ist auch das für mich eine Form von Anbetung: still werden und staunen.

Über die Jahre habe ich so immer neue Facetten von Gott kennengelernt. Meine Gottesbeziehung ist ein Prozess, der in jungen Jahren begonnen hat und der vor allem dadurch geprägt ist, dass ich einfach immer dabeigeblieben bin. Für mich ist das der Segen meines Lebens. An jeder Abbiegung, die ich hätte nehmen können, weg von Gott, weil ich verzweifelt war, es dunkel schien und ich Gott nicht verstanden habe, habe ich gesagt: Jetzt erst recht.

Aber warum habe ich Gott eigentlich nie den Rücken zugekehrt? Ich bin mir durchaus bewusst: Ich »verpasse« Dinge im Leben, weil ich an Gott glaube und weil ich mich an sein Wort halte, zum Beispiel, wenn es um Bereiche geht, die für viele in der Jugend extrem wichtig sind: Konsum und Statussymbole, das Sichausprobieren in Beziehungen und Sexualität. Wenn ich wirklich darauf vertraue, dass der Gott, den ich kenne, das Beste für mein Leben will, dann ist alles, was ich

»verpasse«, maximal gut. Und meistens, bei näherer Betrachtung, erscheint mir all das »Verpasste« im Innersten zerstörerisch und leer. Wenn dieser Glaube tief im Herzen verankert ist, dann führt die Gewissheit zu einer Entscheidung, und diese Entscheidung bleibt und trägt auch in Zeiten, in denen es sich nicht so anfühlt. Zeiten, in denen es regnet, ich die Sonne nicht sehe und sich alles nach Scheitern anfühlt. Trotz allem vertraue ich tief im Herzen darauf: Ich habe das Beste, denn ich habe einen Gott, der das Leben in Fülle und im Überfluss für mich hat. Für mich ist das die Gnade und die Gunst, die auf meinem Leben liegt.

In meiner Entscheidung, immer wieder Ja zu Gott zu sagen, bin ich frei. Meine Entscheidung für Gott ist eine Entscheidung, die ich immer wieder getroffen habe. Für mich ist es absolute Gnade, dass ich heute tatsächlich von keinem Zeitpunkt meines Lebens berichten kann, in dem ich ohne Gott weitergegangen bin. Auch wenn ich den Gedanken kenne: Ich könnte ja wieder zu ihm zurückkommen, Gott ist ja ein Gott, der vergibt, und ein Gott, der gnädig ist, habe ich mir immer gesagt: Es lohnt sich nicht, auch nur ein Stück meines Weges ohne Gott zu gehen. Ich will gar nichts anderes suchen und nichts anderes tun, als in seinem Willen wandeln, weil ich wirklich glaube, das Beste schon gefunden zu haben.

Mit Gott ist es wie mit einem Freund: Ich kann mit einem Freund Urlaube und Highlights erleben, auf großen Bühnen spielen und feiern, aber sein Charakter offenbart sich in den Backstagebereichen des Lebens, im Alltäglichen. Charakter zeigt sich darin, wie du reagierst, wenn du gestresst oder traurig bist, wie du deinen Alltag lebst, wie du Beziehungen pflegst und wie sehr du dich für den anderen interessierst. Jede Beziehung ist abhängig von demjenigen, der am wenigsten in sie investiert. Und lass mich dir sagen: An Gott scheitert es nie. Er investiert sich täglich. Auch dann, wenn ich die Freundschaft schwer mache, bleibt er da und bleibt er treu. Gott ist in allem konstant und immer der Gleiche: Ein guter Gott, dessen Lächeln über deinem Leben strahlt und der dich liebt.

Wenn ich heute nur deshalb glauben würde, weil ich vor über zehn Jahren etwas mit Gott erlebt habe, wäre das naiv. Warum solltest du dich auf einen Gott nur deshalb berufen, weil er vor über zehn Jahren mal ein Wunder in deinem Leben vollbracht hat, obwohl du mit ihm seitdem nichts mehr erlebt hast? Und ja, Geschichten haben markante Ereignisse und meine Geschichte hat viele markante Ereignisse, aber sie hat auch sehr viele wertvolle Randnotizen, die mir den Charakter Gottes offenbaren.

Eine von vielen kleinen Randnotizen aus meinem alltäglichen Leben ist die folgende Geschichte: Damals war ich in der Oberstufe. Ich hatte einen langen Tag vor mir. Morgens hatte ich meine Schultasche mit allen Büchern gepackt und danach meine Sporttasche, weil ich nach der Schule zum Sport und am Abend dann direkt in meinen Hauskreis gehen wollte. Dort haben wir uns mit mehreren jungen Leuten getroffen, Lobpreis gemacht und Lieder gesungen, wir haben uns ausgetauscht und gemeinsam in der Bibel gelesen.

An diesem Abend haben wir die Geschichte vom Sturm auf dem See Genezareth gelesen. Jesus fuhr mit seinen Jüngern über den See, als plötzlich ein starker Sturm aufkam und die Jünger total Angst bekamen. Der Einzige, der weiterschlief, war

Jesus. Also weckten sie ihn und riefen aufgeregt: »Wie kann es sein, Meister, dass du schläfst? Ist es dir egal, dass wir sterben?« Die Jünger waren sich sicher, dass sie in diesem Sturm sterben würden, und aufgebracht darüber, dass Jesus das nicht zu interessieren schien. Doch Jesus blieb völlig gelassen, stillte den Sturm und sagte zu den Jüngern: »Ihr Kleingläubigen, habt ihr so wenig Vertrauen?« Im Hauskreis haben wir lange über diese Stelle geredet. Wir waren uns einig: Auch wir wollten Leute sein, die großes Gottvertrauen haben. Leute, die daran glauben, dass Gott Großes schafft und nicht an kleinen Dingen scheitert. Und ich glaube, wenn es bei mir in meinem Herzen so eine Sache gibt, an der ich arbeiten kann, dann ist es wirkliches Vertrauen in den Dingen, die unmöglich erscheinen. So wurde es an diesem Hauskreisabend immer, immer später.

Irgendwann war es schon zwei Uhr nachts und wir machten uns auf den Heimweg. Meine Freundin Kathi nahm mich in ihrem Auto mit. Während wir nach Hause fuhren, stellte ich plötzlich fest, dass ich meinen Haustürschlüssel vergessen hatte. Bei all dem, was ich packen musste, hatte ich ihn einfach vergessen mitzunehmen. Das war jetzt zwar nicht megadramatisch, denn ich hätte auch klingeln können, aber meine Eltern schliefen natürlich schon. Es war schließlich mitten in der Nacht und beide mussten früh raus. Es wäre also nicht so amüsant gewesen, hätte ich klingeln müssen. Ich ärgerte mich über mich selbst.

Während wir durch die Nacht fuhren, dachte ich noch einmal über den Abend nach: Wir hatten von einem Gott gelesen, der die Macht hat, Stürme zum Stillstand zu bringen. Ein Gott, von dem ich weiß, dass er vor Mose das Meer geteilt hat, von dem ich glaube, dass er die Berggipfel hochgezogen hat. Und ich sitze in diesem Auto und mache mir ernsthaft Sorgen über eine geschlossene Tür? Ich möchte wagen zu glauben, dass Gott mir diese Tür öffnen kann. Und dass es eine Leichtigkeit für ihn ist! Da habe ich einfach mal in Kühnheit gewagt zu vertrauen und zu beten: »Gott, du hast Himmel und Erde geschaffen, du wirst doch wohl nicht an einer geschlossenen Haustür scheitern. Mach mir irgendwie diese Tür auf!«

Schließlich kamen wir nachts um halb drei an meinem Haus an. Kathi fuhr mit ihrem Auto in die Hofeinfahrt, um mich direkt vor der Haustür abzusetzen, weil ich nicht so gern durch die Dunkelheit gehe. Die Scheinwerfer glitten langsam über den Boden, immer weiter nach vorne, bis zu unserer Haustür. Ich saß im Auto, blickte hinaus, und da sah ich, dass unsere Haustür offen stand. Kein Witz! Sie stand einfach offen und mein Mund genauso. Ich konnte es überhaupt nicht fassen. Was war hier los? Ich stieg aus dem Auto aus und ging in unser Haus. Aber niemand war wach. Also weckte ich meinen Bruder: »Danny, die Haustür stand offen.« Wir gingen durch das ganze Haus, suchten alles ab, aber es war niemand da. Ich stand völlig fassungslos da und dachte mir: Was bin ich nur für eine kleingläubige Jana, die sich wagt, daran zu zweifeln, dass Gott, der Himmel und Erde geschaffen hat, ein Problem mit meiner geschlossenen Haustür hat. Wie viel Größeres könnte Gott tun, wenn ich ihm einfach mehr zutrauen würde?

Diese Geschichte mit der offenen Tür ist im Vergleich zu anderen Dingen, die ich in meinem Leben erlebt habe, nichtig und eine absolute Randnotiz. Es sind aber genau diese kleinen Geschichten, die man zwischen Tür und Angel zum Beispiel am Bahnhof oder in der Uni erzählen kann, wenn es um die großen, existenziellen Dinge des Lebens wie zum Beispiel Vertrauen geht. Fragen wie: Wer verdient mein Vertrauen? Wem gebührt mein Vertrauen? Warum sollte ich das überhaupt tun und wie kann ich das selbst erleben? Wie kann ich an einen Gott glauben, der sich mir im Alltäglichen zeigen will?

Ich habe erlebt, dass Gott in meinem Leben immer in dem Rahmen wirkt, den ich ihm einräume. Gott kann, will und sehnt sich danach, diesen Rahmen zu sprengen, denn er ist absolut uferlos, er ist unbegrenzt. Wenn es in der Bibel heißt, dass ihm nichts unmöglich ist, heißt das, dass ihm alles möglich ist, und »alles« heißt »alles« und schließt nichts aus. Aber: Gott muss sich mir und dir auch nicht beweisen. Er kann, will und liebt es, große und kleine Wunder zu tun, aber er muss sich uns nicht beweisen. Und wenn ich einen großen Glauben habe, vielleicht auch einen kühnen, kindlichen Glauben, so wie damals, dann weil ich erlebt habe, dass Gott Rahmen sprengen kann.

Über all die Jahre habe ich immer wieder ein persönliches Jahresmotto gehabt, Gedanken, die über dem neuen Jahr standen. Meine Jahresmottos waren keine Mottos, die ich mir gezielt ausgesucht habe. Sie standen auch nie vor Jahresende fest, sondern kamen mir immer erst im Laufe der ersten Wochen des neuen Jahres in den Kopf. In dem Jahr, in dem ich erlebt habe, wie plötzlich die Haustür offen stand, war mein Motto *high hopes*, hohe Hoffnungen. Es hatte für mich nichts von »ich fordere Wunder ein«, sondern ich erwarte Wunder und ich bin bereit dafür, Wunder zu empfangen. Denn dazu braucht es offene Arme und die Bereitschaft, daran zu glauben. Ich möchte jemand sein, der erwartet, dass in seinem Leben Wunder passieren können, und erlebt, dass Gott ein Wundersamer ist. Von meinen Limitierungen möchte ich mich nicht beschränken lassen. Denn Gott wünscht und sehnt sich danach, mir zu zeigen, dass er wirklich so viel besser ist als mein Gut und er zu so viel mehr fähig ist, als ich mir überhaupt vorstellen kann.

Genau das habe ich in all den Momenten und Tagen zwischen den großen Landmarken meines Lebens erlebt. Erfahrungen wie diese begründen das unerschütterliche Fundament meines Glaubens und warum ich an all den Weggabelungen, an denen ich das nicht sehen, spüren und fühlen konnte, mich trotzdem immer wieder dazu entschieden habe, daran festzuhalten und zu glauben.

Glaube ist nicht in erster Linie ein Gefühl. Und Gefühle sind keine Fakten. Ich kann mich schlecht fühlen oder traurig sein, und es kann sich alles dramatisch anfühlen – aber auch wenn es sich so anfühlt: hoffnungslos ist es nie. Ich habe gelernt, dass meine Lebensentscheidungen nicht auf temporären Gefühlen gründen sollten, auf Dingen, die mir jetzt gerade Sorgen oder Angst machen und mich auch in diesem scheinbar lähmenden Zustand von Verzweiflung oder Frust selbst zu stoppen.

Ich darf anhalten, meinen Blick refokussieren und wieder neu auf den einen richten, der über meine Gefühle hinausgeht und der nicht temporär ist, sondern ewig. An diesem Gott als Kompass möchte ich mein Leben ausrichten und nach seinem Maßstab meine Entscheidungen treffen. Davon kann ich erzählen und das erklärt, warum ich nie von Gott weggegangen bin: Meine Entscheidung für Gott war und ist nicht abhängig von der Lebensphase, sondern eine, die ich für mein ganzes Leben getroffen habe – für alle markanten Ereignisse und alle Randnotizen, das Alltägliche und Außergewöhnliche, in Trauer und in Freude. Und ich kann bezeugen, dass ein Alltag mit Gott das Beste ist, was es auf dieser Welt gibt.

Ein neues Level

Meine Taufe im Sommer 2013 war die nächste Land-marke in meinem Leben. Zu diesem Zeitpunkt hatte ich schon viel in der Bibel gelesen, hatte mir viele Gedanken gemacht, nachgefragt und nachgeforscht. Ich bin in einer Gemeinde groß geworden, in der Menschen nicht als Babys und kleine Kinder getauft werden, sondern erst, wenn sie selbst bewusst dazu »Ja« sagen können. Wer sich in meiner Gemeinde, einer Freien evangelischen Gemeinde, taufen las-sen will, muss vorher den Biblischen Unterricht besuchen. Die-ser Unterricht ist mit dem Konfirmandenunterricht vergleich-bar. Man lernt dort zwei Jahre lang die Basics des christlichen Glaubens. Ich empfand das damals irgendwie als unfair und konnte das nicht nachvollziehen, denn in der Bibel habe ich gelesen, dass Menschen getauft wurden, nachdem sie sich zu Jesus bekannt haben und weil sie an ihn glaubten. Und das tat ich doch schon! Auch ohne den Unterricht. Bis heute bin ich damit nicht so ganz einverstanden, habe damals aber den Bi-blischen Unterricht absolviert und mich dann unmittelbar danach im Alter von 15 Jahren taufen lassen. Ich konnte es kaum erwarten, endlich getauft zu werden.

Am 27. Juli 2013 war es so weit: Mit meiner Taufe habe ich vor der geistlichen, aber auch der sichtbaren Welt bekannt, dass mein Leben Jesus gehört, dass ich seine Nachfolgerin bin und dass ich ihm vertraue. Ich habe mich bewusst und öffentlich für ein Leben mit Jesus entschieden und dazu bekannt. Schon öfter habe ich nun gesagt, dass Gott sein »Ja« über mein Leben gesetzt hat – und dass er das auch über dein Leben ausspricht. Gottes Ja zu uns steht fest. Die Taufe war für mich mein »Ja« zurück an ihn. Wenige Tage nach meiner Taufe saß ich im Flugzeug nach Los Angeles. Ich hatte ein Stipendium erhalten und die Chance, ein Jahr lang in den USA zur Schule zu gehen und in einer Gastfamilie zu leben. Ein Jahr an einer amerikanischen Highschool zu verbringen, war schon lange mein Traum, aber ich wusste auch, dass meine Familie mir unmöglich ein Auslandsjahr finanzieren konnte, schließlich kostet ein Jahr mindestens 10.000 Euro. Meine einzige Möglichkeit: ein Stipendium. Doch jedes Jahr gibt es viel mehr Bewerber als Plätze, gute Noten allein reichen nicht aus und es gibt meist ein langes Auswahlverfahren mit vielen Gesprächen.

Auch hier machte ich wieder die gleiche Erfahrung: Es öffnen sich die Türen, an denen wir mutig anklopfen. Ein »Ja« ist nur dann eine Möglichkeit, wenn du danach fragst. Aber es braucht Mühe und Durchhaltevermögen. Das möchte ich auch dir sagen: Wenn du einen Traum hast, lass dich nicht zu schnell entmutigen und bleib dran. Warum solltest du es nicht einfach mal versuchen? Es gibt schließlich nichts zu verlieren. Mit dieser Haltung bin ich schon viele Dinge in meinem Leben angegangen: Entweder es klappt – oder ich bin an demselben Punkt wie bisher und das ist auch okay. In diesem Fall klappte es und schließlich hatte ich die erste Zusage: ein Vollstipendium des Deutschen Bundestags. Doch im Laufe dieses Prozesses bekam ich noch ein zweites Angebot: Eine christliche Schule in Kalifornien bot mir ein 90-Prozent-Stipendium an. Nun stand ich vor der Wahl: Nehme ich das Vollstipendium des Bundestags oder das Angebot der christlichen Schule in Kalifornien an? Die Entscheidung musste und durfte ich allein treffen. Auch meine Eltern wollten und konnten mir keinen Rat geben.

Bis zum Ende der Mittelstufe hatte ich immer das Gefühl, dass ich anders war. Ich galt in meiner Klasse als »kleine Streberin«, war oft krank und manche fanden meinen Glauben komisch. Ich war also definitiv nicht das »cool Kid« der Klasse. Ich erlebte viel Ablehnung und hatte oft das Gefühl: Ich gehöre hier nicht hin. Anstelle von Respekt und Teamwork war die Atmosphäre oft von Neid und Missgunst geprägt. Dass mir Dinge gelangen, fand oft keinen Beifall.

Damals habe ich mich entschieden, dass ich anders sein möchte: Ich möchte anderen Menschen mit Respekt und Wertschätzung begegnen, ihre Sicht der Welt kennenlernen und ein Segen im Leben anderer sein. Wenn ich eine Person treffe, die mir in ihrem Wissen voraus ist, möchte ich von ihr lernen. Ich glaube, dass Menschen nur wachsen können, wenn sie bereit sind, voneinander zu lernen, ihr Wissen und ihre Erfahrungen miteinander zu teilen. Meine Eltern haben mir damals immer gesagt: In der Uni wird es besser, dort sind alle Leute zielstrebig. Seit ich studiere, weiß ich, dass es darum gar nicht geht. Es geht gar nicht um die Zielstrebigkeit, sondern es geht um Persönlichkeit, Charakter und um die Bereitschaft zu lernen – und das nicht nur im akademischen Sinne.

Schließlich stand meine Entscheidung fest: Ich wollte die christliche Schule besuchen. Ich stellte mir vor, dass ich in ein Umfeld komme, das Jesus liebt und in dem die Schüler und Lehrer meine Werte und Ideale teilen und unterstützen. An dieser Schule würde ich mich als Christin sicher nicht fremd fühlen. Bald erfuhr ich, dass ich nicht die einzige deutsche Austauschschülerin sein würde. Mit mir würde Lucie diese Schule besuchen. Lucie und ich hatten schon vorher telefoniert und uns ausgetauscht. Ich freute mich, andere Christen kennenzulernen, und fragte sie neugierig: »Glaubst du an Jesus, kennst du Gott?« Als Lucie mit »Nein« antwortete, war ich total verwundert. Wieso besuchte sie dann diese Schule? Lucie hatte sich für diese Schule entschieden, weil sie einen sehr guten Ruf hat. Das war das erste kleine Bröckeln meiner Illusion, meine Mitschülerinnen und Mitschüler wären allesamt überzeugte Christen.

Ich kenne viele Geschichten von Auslandsjahren, die richtig gut waren, aber ich kenne nur wenig Geschichten von Auslandsjahren, die in einer herben Enttäuschung endeten. Ich glaube, dass diese Menschen ihre Geschichten später kaum erzählen, weil sie das Gefühl haben, dass sie gescheitert sind. Und so ging es auch mir lange Zeit.

Meine Zeit an der Schule begann großartig. Von Beginn an war ich Mitglied im Cheerleading-Team und lernte schnell viele neue Leute kennen. Auch in der Schule lief es gut. Ich lernte Spanisch auf Englisch und hatte viel Freude dran. Nicht so gut lief es dagegen in meiner Gastfamilie. Immer wieder gab es zwischen mir und meiner Gastmutter Spannungen. Schließlich fühlte ich mich dort so unwohl, dass ich darum bat, in eine andere Familie wechseln zu dürfen, und die Trainerin meines Cheerleading-Teams nahm mich in ihre Familie auf. Das Besondere an meiner Situation war jedoch, dass meine Gasteltern das Austauschprogramm leiteten. Daher bemühten sie sich, nach außen eine besonders vorbildliche Gastfamilie zu sein. Mein Wunsch zu wechseln, kränkte sie sehr.

Lucie und ich verbrachten dagegen immer mehr Zeit miteinander und führten viele Gespräche über Gott und den Glauben. Ich wollte Lucie auf keinen Fall zu etwas drängen und sagen: »Lucie, du musst Christin werden und dich für Jesus entscheiden.« Wenn wir über Gott sprachen, wollte ich einfach fröhlich und einladend von meinem Glauben erzählen und ihr mitgeben: Du *musst* dich nicht entscheiden, sondern hey, du *darfst* dich entscheiden. Jesu Blick ruht auf dir, der Blick Gottes ruht auf dir und er wünscht sich und er wartet darauf, dass du ihn erwiderst.

An einem Sonntag im Oktober gingen Lucie und ich gemeinsam in die Gemeinde. Das war nichts Ungewöhnliches, denn das taten wir mit unseren Gastfamilien jeden Sonntag. Doch an diesem Sonntag gab Lucie ihr Leben Jesus. Sie entschied sich also dafür, dass sie an Gott glauben und ihn kennenlernen will.

Am Wochenende darauf überschlugen sich die Ereignisse: Am Freitag wurde ich völlig überraschend aus dem Unterricht zitiert. Wenig später hätte ich mit meinem Cheerleading-Team zu einem Football-Spiel aufbrechen sollen. Ich wurde in einen Versammlungsraum gebracht, in dem mehrere Erwachsene auf mich warteten, und mir wurde mitgeteilt: »Jana, du musst nach

Hause fliegen. Deine Eltern wissen schon Bescheid.« Ich war fassungslos. Wie konnte das sein? Zudem kam mir das komisch vor. Meine Eltern können gar kein Englisch. Meine ehemalige Gastmutter hatte mir offenbar ohne mein Wissen einen Rückflug gebucht und veranlasst, dass ich nach Hause geschickt werde. Ich erinnerte mich, dass sie mich kurz zuvor um meinen Reisepass gebeten hatte, um Dinge zu organisieren. Jetzt war mir klar, wofür sie den Reisepass so dringend benötigt hatte.

An diesem Wochenende durfte ich nicht mehr zu meiner Gastfamilie zurück, sondern wurde bei einer anderen Frau untergebracht. Die Gesamtsituation verwirrte mich total und ich konnte nicht einmal meinen Eltern erklären, was vorgefallen war, und mich auch von meiner Gastfamilie nicht mehr richtig verabschieden. Auch Lucie konnte es überhaupt nicht verstehen und war völlig aufgebracht. Sie setzte alle Hebel in Bewegung, um zu erreichen, dass ich vielleicht doch noch dortbleiben konnte. Am Sonntagabend, bevor der Montag kam, an dem ich nach Hause fliegen sollte, organisierte sie ein letztes Treffen in einem Café, zu dem sie meine ehemaligen Gastmutter, die Koordinatorin des Programms, ihre eigene Gastmutter und mich einlud. Wir saßen uns gegenüber, ich schaute Lucie an und sagte ihr auf Deutsch: »Warum hast du mich hier hingebracht, wofür?« Und meine ehemalige Gastmutter sah mich an und sagte dann: *»Jana, the game is over.«* Das Spiel ist vorbei.

Nach diesem Gespräch ging ich aus dem Café und spürte eine heftige Dunkelheit. Ich wusste absolut nicht, wohin. Ich wusste nicht vor und zurück, fühlte mich komplett verloren und absolut ohnmächtig. Was hatte ich falsch gemacht? Es gab nur drei Gründe, aus denen Austauschschüler laut Vertrag nach Hause geschickt werden durften: Man kam schulisch überhaupt nicht klar – doch ich hatte herausragende Leistungen. Man konnte sozial nicht anknüpfen – doch ich hatte durch mein Cheerleading-Team sehr viele Freundinnen. Oder man hatte schwerwiegende psychische Probleme. Was war also der Grund?

Als mir die Koordinatorin den Grund nannte, war ich sprachlos: Sie behauptete, mein Vater habe Suizid begangen. Dabei stand ich in ständigem Kontakt zu meinen Eltern. Außerdem sagte sie mir, dass ich vom Teufel besessen sei. Nun habe sie entschieden, dass es besser sei, wenn ich nach Hause reise, um diesen Fluch loszuwerden. Ich konnte meinen Ohren nicht trauen.

Schließlich ging ich einfach schlafen – und schlief erstaunlicherweise sehr gut. Als ich am nächsten Morgen aufwachte, explodierte mein Handy vor Nachrichten. Menschen schrieben mir, was ich in diesen letzten zwei Monaten an Reichtum in ihr Leben gebracht hatte, wie ich ihren Horizont erweitert hatte, was ich für ein Segen war. Mit ihren Nachrichten spiegelten sie mir ein ganz anderes Bild als meine ehemalige Gastmutter es an diesem Sonntagabend getan hatte. Plötzlich spürte ich einen unfassbaren Frieden und wurde komplett ruhig.

Dann ging ich in die Schule und suchte das Office des Schulpastors auf. Als ich die Tür öffnete, wurde ich überrascht: Hier warteten zig Schülerinnen und Schüler auf mich, die sich von mir verabschieden wollten. Alle bildeten einen Kreis um mich, beteten für mich und segneten mich. Und so verabschiedeten sie mich mit den Worten: »Jana, wir senden dich zurück nach

Deutschland, Gott braucht dich in Deutschland, Gott braucht deine Stimme in Deutschland, Gott braucht das, was du bist und was du nach außen trägst in Deutschland.« Was für ein ermutigender Zuspruch! Damals habe ich nicht im Ansatz erahnen können, dass das Jahre später meine Realität sein würde.

Zurück in Deutschland fasste ich all die Nachrichten, die ich bekommen hatte, in einer Mail zusammen und schickte sie an die Koordinatorin: *Maybe for you the game is over«*, vielleicht ist für dich das Spiel vorbei, *«but for me it is welcome to the next level«*, ich gehe weiter.

Doch der Friede, den ich anfangs gespürt hatte, dauerte nicht lang an. Ich freute mich immer noch total, dass Lucie zum Glauben gekommen war, doch ich konnte einfach nicht begreifen, was in den USA passiert war. Wieso hatte Gott mir erst ein Stipendium für eine renommierte Schule geschenkt und dann war mein Traum von einem großartigen Highschool-Jahr in Kalifornien schon nach zwei Monaten geplatzt? In den folgenden Wochen wurde es in mir unfassbar dunkel. Ich fand alles einfach nur unfair. Enttäuscht klagte ich Gott an: Warum muss ich eigentlich immer kämpfen, warum bin ich immer diejenige, die irgendwas aushält oder durchhält und erträgt und dann trotzdem weitermacht? Ich hatte das Gefühl, gescheitert zu sein. Aus Angst und Feigheit, mich erklären zu müssen, warum ich schon wieder aus den USA zurück war, wechselte ich die Schule. Ich bin wirklich einfach davongelaufen. Es fühlte sich an, als wäre ich gescheitert, und es sollte lange dauern, bis es mir wieder gut ging.

Auch Vergebung fiel mir unendlich schwer. Lange Zeit habe ich gesagt: Es gibt keine Person, die ich hasse, weil Hass ein starkes Wort ist, aber es gibt eine Person, bei der meine Gefühle dem sehr nahekommen: diese Gastmutter. Auch wenn ich mich darum bemühte, ihr zu vergeben, schaffte ich das einfach nicht. In alledem konnte ich auch nicht sehen, was für ein Reichtum es war, dass Lucie zwar nicht durch mich, aber begleitet von mir zum Glauben gekommen war. Der Preis schien mir zu hoch.

Immer wieder fragte ich mich: »Wann wird es wieder hell?« Eines Tages lag ich in meinem Bett, schaute auf meine damals gelbe Wand und hatte plötzlich den Eindruck, dass Gott mir sagte: »Jana, glaubst du mir, dass diese Wand weiß ist?« Was für eine eigenartige Frage. Ich sagte: »Ähm, ich glaube dir vieles, Gott, aber diese Wand ist relativ offensichtlich gelb.« Und Gott fragte mich immer wieder: »Glaubst du mir, dass diese Wand weiß ist?« Es ging offenbar nicht wirklich um die Frage nach der Farbe, sondern vielmehr, so schien es mir, nach der Perspektive auf meine damalige Situation. So, als würde Gott mich fragen: »Glaubst du mir, dass diese Situation nicht so dunkel ist, wie es jetzt scheint? Glaubst du mir, dass ich darin etwas Gutes für dich habe? Glaubst du mir das?« Und ich wollte glauben.

Nun befand ich mich wieder an einer Weggabelung, an der ich mich entscheiden musste, ob ich auch an den Regentagen an diesen guten Gott glaube. Ob ich an ihm festhalte oder nicht. Und wieder entschied ich mich zu sagen: Jetzt erst recht, auch wenn ich es Monat über Monat nicht sehen und nicht spüren konnte. Ich entschied mich, Ja zu Gott zu sagen und dabeizubleiben in einer Situation, in der ich all den Segen, der da kommen sollte, und all die Antworten auf meine Fragen nach dem Warum und Wofür und War-es-das-wert noch nicht sehen konnte.

Heute kann ich zurückblicken und Gottes Hand in all dem sehen. Ich sehe Gottes Hand in der Freundschaft mit Lucie, mit der Gott noch Großes vorhaben sollte. Und ich sehe, wie mit der Segnung und Sendung im Büro des Schulpastors auch die Geschichte meiner eigenen Berufung begann. Damals war ich unendlich enttäuscht, dass mein Traum von einem Auslandsjahr geplatzt war. Heute sehe ich, dass Gott einen viel größeren Traum für mein Leben hatte – größer, als ich mir damals in Kalifornien überhaupt hätte erträumen können. Aber an diesem Punkt, 2013, als ich wiederkam und sich alles nach Scheitern anfühlte, konnte ich das nicht. Für mich sah alles überhaupt nicht nach Segen aus.

Im Rückblick war diese Zeit eine Zeit, in der mein Glaube und meine Beharrlichkeit herausgefordert wurden und in der ein Fundament weitergebaut wurde. Feste Fundamente bauen sich nicht auf die Schnelle. Glauben muss wachsen. Vertrautheit entsteht schließlich auch nicht durch einmalige Begegnung, sondern durch Regelmäßigkeit, Konstanz und Erfahrung.

Es sollte über ein Jahr dauern, bis ich beim Bibellesen ganz plötzlich einen Aha-Moment hatte. Es war, als ich das Gleichnis in Markus 3,27 las. Jesus bricht unbemerkt in das Haus des »Starken«, des Widersachers Gottes, ein und bindet seine Macht: »Niemand aber kann in das Haus des Starken eindringen und seinen Hausrat rauben, wenn er nicht zuvor den Starken fesselt.« (LUT) Ein kurzes Gleichnis, das man oft einfach so überliest. Und das mir bis dahin auch nie etwas gesagt hat. Wer soll der Starke sein und wieso sollte er gebunden werden?

Als ich dieses Mal dasselbe Gleichnis las, zeigte der Heilige Geist mir: Du wirst diese Schwere nicht los, solange du nicht glaubst und darauf vertraust, dass Gott es auch in Kalifornien gut mit dir gemeint hat. Solange ich Gott vorwerfe, dass ich wieder etwas ertragen musste, dass Er mir eine gute Zeit und ein großartiges Auslandsjahr verwehrt hat, werde ich keinen Frieden finden. Denn selbst wenn ich dazu beitragen konnte, dass ein Mensch Gott kennenlernen durfte, so hatte ich bislang die Haltung, dass Gott mir verwehrt hat, einfach mal ein Jahr eine nice Zeit zu haben. Solange ich diesem Gedanken nachhing, solange würde ich keinen Frieden darüber bekommen. Denn solange schenkte ich dem »Starken«, dem Widersacher Gottes, mehr Glauben als Gott und seiner Güte. Und das war eine Schlüsselerkenntnis: Wem glaube ich und wem schenke ich Vertrauen, Gott oder »dem Starken«?

Erst als ich von Herzen sagen konnte: »Gott, ich glaube dir, dass du es auch in dieser Zeit gut mit mir gemeint hast«, erst in diesem Moment kam Frieden über mich. Mit diesem Frieden kam auch die Fähigkeit zu vergeben und zu sagen: Selbst wenn ein Mensch es schlecht mit mir gemeint hat, erhellt Gott das Dunkle und wendet Dinge zu seinem Guten. Er ist unbemerkt bereits am Werk und sein Traum für uns ist größer, als wir es uns vorstellen können.

Im Nachgang habe ich erfahren, dass meine ehemalige Gastmutter und Koordinatorin später ihren Posten an der Schule verloren hat. Doch es ging mir nicht um Genugtuung. Ich war dankbar, dass ich loslassen konnte. Ich war mit der Haltung abgereist: Mir steht eine einfache und schöne Zeit zu. Doch dieses Anspruchsdenken musste ich erst aufgeben. Und erst, als ich diesen Gedanken loslassen konnte, hat sich der Segen eröffnet, der auf mich gewartet hat.

Mein Schulwechsel an eine neue Schule stellte sich als absoluter Segen heraus. Hier bekam ich unglaublich viele Möglichkeiten, denn diese Schule war eine Schule, die viel in ihre Schülerinnen und Schüler und ihre Talente investierte. So wurde ich gefördert, durfte viele Akademien besuchen und bekam sogar die Möglichkeit, neben der Schule an der Universität zu studieren. Ich bin wieder gern zur Schule gegangen, wurde gesegnet mit der besten Deutschlehrerin aller Zeiten und konnte mit meinen Talenten wirklich aufblühen.

In meinem Leben hat sich schon oft erwiesen, dass Gott in Abständen von einem Jahr arbeitet. Im Oktober 2013 war ich im Office des Pastors der Highschool in den deutschsprachigen Raum ausgesandt worden. Exakt ein Jahr später, im Oktober 2014, stand ich auf der ersten Poetry-Slam-Bühne. Damit begann der Anfang eines Weges, den Gott schon immer gesehen hat, ich aber nicht. Ich habe im Ansatz nicht gesehen, was kommen würde, und musste im Unsichtbaren darauf vertrauen, dass Gott es gut mit mir meint. Vertrauen in einer Zeit, in der ich nicht gespürt und nicht gesehen habe, dass Gott etwas Grandioses vorhat.

In dem Jahr nach meiner Taufe durfte ich auch lernen, dass mein Glück nicht immer Gottes Priorität ist. Es ist nicht Gottes Priorität, dass zu jedem Zeitpunkt und in jedem Moment meines Lebens über mir und in meinen Gedanken immer nur das Glück steht. Leben im Überfluss sieht anders aus, als wir uns das manchmal vorstellen.

Wenn wir an ein Leben im Überfluss denken oder das Leben in vollen Zügen, dann klammern wir Probleme, Schwierigkeiten, Krankheit oder Schwere aus. Wenn ich jedoch ins Alte

Testament blicke und Jesaja lese, dann steht da: »Wenn du ins
Feuer gerätst, bleibst du unversehrt. Keine Flamme wird dich
verbrennen.« (Jes 43,2) Oder: »Wenn du durch tiefes Wasser
oder reißende Ströme gehen musst – ich bin bei dir, du wirst
nicht ertrinken.« (Jes 43,2) Und dieses »Wenn« ist keine Für-
den-Fall-dass-Angabe, sondern eine zeitliche Angabe. In dem
Moment, in dem das Wasser kommt, – wenn die Fluten kommen und wenn das Feuer kommt, Gottes Wort spricht ganz
klar davon – werden wir als Teil der Welt mit Schwierigkeiten
und mit Komplikationen konfrontiert. Es heißt nicht: »Wenn
Wasser kommt, bau ich dir eine Brücke, sodass du nicht durchs
Wasser gehen musst« oder »Wenn das Feuer kommt, wirst du
geschützt sein von einer Wasserwolke«. Nein, ganz klar steht
geschrieben: Das Wasser wird kommen, das Feuer wird kommen und du wirst mittendrin sein. Doch Gott sagt uns, dass
wir nicht allein hindurchgehen müssen. Du bist nicht allein
und du kommst da durch. Irgendwann wird es wieder hell.

Noch etwas durfte ich lernen: Mit meinen Erfahrungen
kann ich zum Segen für andere werden. Menschen, die hinter
mir laufen und ähnliche Zeiten erleben, kann ich sagen: »Hey,
an diesem Tiefpunkt war ich schon, ich weiß, wie es dir geht.
Glaub mir, du kommst da durch. Ich kann dir eine Stütze und
Hilfe sein.« Und dann kann ich mein Zeugnis erzählen, denn
genau das ist das Leben: Das Leben ist ein Zeugnis, also ein
Beweis dafür, dass es etwas gibt oder dass etwas stattgefunden
hat. Die ganze Bibel ist ein Buch voller Zeugnisse: voller Geschichten von Menschen, die etwas mit Gott erlebt haben. Ich
bin Zeitzeugin eines Gottes, der heute noch wirkt. Mein Leben bezeugt einen guten Gott. Und ich bin überzeugt: In dem

Moment, in dem wir Gott unser ganzes Leben mit allen Höhen und Tiefen, mit allen Lichtblicken und Schattenseiten hinlegen, kann und wird es zum echten Zeugnis seiner Herrlichkeit werden. Selten sind es die glatten Erfolgsstorys, die andere ermutigen, weiterzugehen. Gerade wenn wir offen und ehrlich erzählen: *I've been there too*, ich bin da auch schon gewesen und ich bin darüber hinausgewachsen und darüber hinweggegangen, können wir ein Segen im Leben anderer sein.

Bei meiner Taufe im Sommer 2013 hatte ich mich entschieden: Gott, mein Leben liegt in deinen Händen. Und Gott hat mich beim Wort genommen. Es war, als hätte er gesagt: »Okay, cool, danke für dein Vertrauen, *let's go*.« Das Jahr nach meiner Taufe war ein Jahr, das mich in meinem Vertrauen herausgefordert hat. Es war voller Momente, in denen ich einfach glauben und darauf vertrauen musste, dass Gottes Träume für mein Leben viel größer sind als meine eigenen Träume. Und dass ich meine eigenen Träume genau deswegen auch loslassen darf.

Ich durfte mir in den letzten Jahren meine Lebensgeschichte und das, was er mit meinem Leben vorhatte, Tag für Tag weitererzählen lassen und etwas erleben, was ich mir nicht habe erträumen können. Gott hat mich beim Wort genommen und ich habe Gott beim Wort genommen. Und in alldem ist er gut geblieben.

Berufen und befähigt

Was kann ich eigentlich richtig gut? Was ist mein Talent? Was macht mich besonders? Diese Frage stellte ich mir in meiner Jugend oft. Ich glaube, das ist eine Frage, die sich viele Menschen stellen. Um mich herum sah ich Leute, die gut zeichnen konnten oder total musikalisch waren. Meine Brüder waren sehr sportlich. Und ich? Ich war eben gut in der Schule, aber sonst? Hatte Gott mich beim Verteilen der Talente vergessen? Darüber bin ich fast verzweifelt.

Oft sind es andere Menschen, die uns mit neuen Ideen und Gedanken aus unseren Alltagsroutinen reißen. Für mich war Kathi so ein Mensch. Wenn ich an Menschen etwas sehe, was ich schön finde, dann mache ich ihnen spontan ein Kompliment, weil ich mir denke: Mich kostet es nichts, dem anderen Menschen tut es gut und alle haben gewonnen. Und so habe ich im Fitnessstudio Kathi kennengelernt. Sie saß neben mir in der Sauna unseres Fitnessstudios und war mir sofort sympathisch. Also sprach ich sie an: »Sie haben so ein freundliches

Gesicht.« Mit diesem Satz begann unsere Freundschaft. Von da an haben wir oft zusammen Sport gemacht.

Kathis Mut hat mich immer wieder beeindruckt und begeistert. Sie ist eine Frau, die zum Beispiel sagen konnte: »Hey, ich buch mir einen Flug in den Norden von Italien und zehn Tage später vom Süden zurück und mal gucken, wohin das Leben mich führt.« Ich wäre auch gern so eine mutige Frau wie Kathi gewesen, aber ich war es nicht. Umgekehrt hat sie meine Lebensfreude und die Energie, die ich in den Raum gebracht habe, begeistert.

Eines Abends haben wir uns beim Sport über ihre bevorstehende Reise nach Portugal unterhalten. Wie verrückt ist es eigentlich, dass Leute arbeiten und arbeiten und sich keine Zeit für Pausen zwischendurch nehmen? Wenn die Sonne scheint, dann ärgert man sich eher darüber, dass man keine zehn Minuten Zeit hat, um sich in die Sonne zu setzen und Kaffee zu trinken, als sich diese Zeit einfach mal zu nehmen – dabei hält uns dieser Ärger locker länger als zehn Minuten auf. Schließlich fragten Kathi und ich uns: Wofür steht eigentlich unsere Generation? Wir sind zu dem Punkt gekommen, dass wir eine Generation aus Individuen mit total unterschiedlichen Leidenschaften und Talenten sind. Jeder von uns muss selbst das finden, für das er steht, kämpft, brennt und was er gut kann. Irgendwann war es halb elf und wir hatten unser Training beendet. Ich wollte mich auf den Heimweg machen, denn am nächsten Morgen musste ich wieder früh raus und in die Schule gehen.

Plötzlich hatte Kathi eine Idee: »Komm, Jana, wir fahren jetzt mitten in unserem Alltag raus und trinken noch einen Kaffee.« Meine Eltern haben mich so erzogen, dass sie gesagt haben: »Kind, dir ist ›alles‹ erlaubt, aber du weißt, dass du dich für alles, was du tust, verantworten und rechtfertigen musst – vor dir selbst, vor deinem Umfeld und vor Gott. Und wenn du meinst, es sei eine gute Idee, um 23 Uhr noch einen Kaffee zu trinken, tue das. Du bist diejenige, die morgen aufsteht und zur Schule geht. Du trägst die Verantwortung dafür.« Ich habe diese Art von Erziehung sehr genossen, weil sie mir einen Vertrauensvorschuss gegeben hat und mich Eigenverantwortung gelehrt hat. Und so saßen Kathi und ich mitten in der Woche um 23 Uhr im McCafé, haben Kaffee getrunken und über das Leben und die Welt nachgedacht. Eine Sache ging mir nicht aus dem Kopf: »Du Kathi, um noch mal auf das zurückzukommen, dass jeder so das finden muss, was er gut kann, wofür er steht und fällt und so. Ich kann ganz gut schreiben, aber ich mach das nur im akademischen Kontext, bekomme dafür eine gute Note und sonst habe ich fürs Schreiben einfach keine Zeit.« »Einfach keine Zeit« ist die ultimative Antwort, wenn man etwas aus irgendwelchen Gründen nicht machen möchte, also beließen wir es dabei. Kathi fuhr mich dann nach Hause und ich schlüpfte in mein Bett. Doch unser Gespräch und der nächtliche Koffeinkonsum hatten mich so aufgewühlt, dass ich nicht einschlafen konnte. War »einfach keine Zeit« nicht nur eine Ausrede? Und ist genau die gerade nicht tragfähig? Denn gerade kann ich nicht schlafen. Da sagte ich zu mir selbst: »Okay Jana, du hast jetzt keine Ausrede mehr, du hast jetzt Zeit.« Daraufhin zückte ich Stift und Papier und schrieb meinen ersten Text: »Ecken und Kanten«. Noch in derselben Nacht nahm ich den Text als Sprachmemo auf und schickte ihn Kathi.

Ecken und Kanten

Irgendwo sind wir doch alle Philosophen,
gefühlvolle Dichter unsrer eigenen Strophen.
Wir wollen 'ne gute Story, einen spannenden Deal
mit Happy End – ganz unser Stil.

Wir wollen galante Eleganz,
das Beste vom Besten, prachtvoller Glanz.
Kein Worst-Case-Szenario,
sondern die Sensation.
Nur gewöhnlich? Wer braucht das schon?

Alles soll sich reimen, nahtlos übergehen,
nur die anderen, die Verlierer, die bleiben stehen.
Aber wir, wir laufen ganz ziellos voraus,
da draußen, das glauben wir, wartet Applaus.

Bloß keine Fehler machen und
herzlichst in die Kameras lachen.
Bloß keine Wunden haben, denn
die hinterlassen so hässliche Narben.

Wir wollen auf ein Titelbild – vorne ganz fett –
am besten mit Namen, das wäre ganz nett.
Wir wollen das schaffen:
Unsere Geschichte perfekt,
sodass wir's nicht raffen, denn
genau da liegt der Fehler versteckt.

Wir alle wollen Großes schaffen und Großes sein,
kein Mittelmaß und bloß nicht zu klein,
hervorstechen und polarisieren,
so sehr, dass wir's nicht realisieren:

Wer hat uns eigentlich gesagt,
dass normal nicht reicht,
dass man uns immer mit denen vergleicht?

Wer hat gesagt, dass wir immer anders sein müssen,
dass es nicht mehr reicht,
aus purer Liebe zu küssen?

Es gibt immer einen Grund,
sich nicht gut genug zu fühlen und
nach den eigenen Fehlern zu wühlen.
Scheinbar ist der Zeitpunkt immer perfekt,
um Selbstkritik zu üben und
das eigene Gemüt von Grund auf zu trüben.

Und dann wundern wir uns,
wenn wir dieses Lachen verlieren,
denn genau das wird früher oder später passieren.

Zufriedensein ist schon fast ein Vergehen
und da behaupte noch einer,
er könne das System hier verstehen.

Wir wollen immer, immer weiter, doch sie ist so endlos hoch,
die Karriereleiter.

Wer hat uns gesagt,
dass wir nichts sind,
doch alles werden können?

Aus einem von vielen soll dieser Eine gedeihen,
kann uns denn keiner aus diesem zwanghaften Streben
    befreien?
Sag, wo bitte liegt denn das Ziel?
Wer genau gewinnt dieses Spiel?
Schon in der Regel liegt der Betrug, denn:

Wir, wir sind genug!
Vollkommen dank Kratzern und Wunden,
geprägt durch unsere dunkelsten Stunden und
in dieser perfekten Unperfektheit, da haben wir endlich
    Schönheit gefunden.

Unsere Worte und Zeilen werden lebendig,
nur der Wandel, der bleibt beständig.
Vielleicht geht es nicht ums Happy End,
vielleicht reicht schon die Geschichte.

Nichts und niemand macht sie zunichte.
Papier ist geduldig, die Seele ist's nicht.
Sie hält nicht still,
egal was die Welt ihr verspricht.

Die Kleinen hier, die rein und gut,
in Zufriedenheit leben,
sind wohl größer als die Großen, die stets nach Höherem
    streben.

Wir wollen's nicht und doch haben wir
diese Ecken und Kanten
die Dinge, denen wir unsere Persönlichkeit verdanken.

Und vielleicht ist Photoshop
auch nur so 'ne Art Verzweiflungstat,
denn auf dem Schlachtfeld unserer Generation
ist Anerkennung durch Likes der höchste Lohn.

Und sobald ein Stück Einzigartigkeit in dir brennt,
greift das Prinzip des Mainstreams,
das die Coolen von den Nerds dahinten trennt.

Und vielleicht klingt das profan,
doch ihr könnt es erahnen:
Wir sind geschaffen nach dem Bild von
Schönheit und Licht
Und es ist nur der Gedanke an
Konkurrenz und Wertlosigkeit, der
uns als Kunstwerk zerbricht.
Und bitte, glaub diesen Stimmen nicht.

Ich hab deine Schreie gehört und mir gewünscht,
du hörst auch meine,
denn das Gute an »wir« ist,
»wir« ist niemals alleine.

Am nächsten Morgen kam Kathis Antwort: »Krass, woher hast du diesen Text?« Dass ich den Text noch in derselben Nacht selbst geschrieben hatte, hatte ich ihr nicht gesagt. Als ich antwortete: »Den habe ich selbst geschrieben«, war für Kathi klar: »Das muss an die Öffentlichkeit!« Und dann schrieb ich einen Satz, der aus heutiger Sicht ziemlich witzig ist: »Ich bin doch nicht verrückt und stelle mich auf YouTube.« Nach einigem Googlen fanden wir heraus, dass in meiner Heimatstadt einmal im Monat ein Poetry-Slam stattfindet. Der nächste sollte schon im Oktober 2014 sein. Bis zu diesem Zeitpunkt war ich noch nicht einmal als Zuschauerin auf einem Poetry-Slam gewesen. Und doch meldete ich mich einfach über ein Online-Formular an und hatte genau einen Text in petto. Als die Anmeldung draußen war, postete ich auf Facebook: »Ich glaube, ich habe Fieber oder so, ich habe mich gerade zum Poetry-Slam angemeldet.«

So stand ich genau ein Jahr, nachdem ich aus den USA zurückgekehrt bin, zum ersten Mal auf der Bühne. Ich hatte zwischenzeitlich noch andere Texte geschrieben – ohne zu erwarten, dass ich sie brauchen würde. Für den Fall der Fälle war ich also vorbereitet, denn es gab drei Runden. Und tatsächlich: An diesem Abend kam ich bis ins Finale – und wurde absolut zu Recht Zweite. Es war völlig in Ordnung, dass ich nicht gewann, weil der Slammer, der mit mir auf der Bühne stand, einfach besser war. Aber für mich war dieser zweite Platz ein persönlicher Sieg. Ich hatte zum ersten Mal etwas probiert und konnte es auch noch richtig gut.

Von da an nahm ich an vielen weiteren Slams teil. Veranstalter sagten einander: »Hey, lade die doch mal ein.« Und so kam es, dass sich mein Radius in kurzer Zeit enorm erweiterte. Meistens war ich die jüngste Teilnehmerin. Die Auftritte machten mir nicht nur großen Spaß, ich war auch sehr erfolgreich. Wer gewinnt, entscheiden allein die Leute aus dem Publikum. Von den ersten zehn Slams gewann ich sieben und bei den übrigen drei Auftritten wurde ich Zweite. Heute sage ich augenzwinkernd oft, dass das wahrscheinlich auch daran lag, dass das Publikum von einem 16-jährigen blonden Mädchen nicht ganz so viel erwartete und dann von meinem Beitrag besonders überrascht war.

Meine Texte waren meist gesellschaftskritisch. Ich schrieb über das stetige Streben nach Exzellenz, über Leistungsdruck, Zeitmangel, den Fokus auf Erfolg, über Sehnsucht und Abgründe. Über meinen Glauben und meine Liebe zu Jesus habe ich dabei nicht explizit geschrieben. In meinen Texten fanden sich schon immer Licht und diese Liebe, aber ich habe sie nicht spezifisch benannt. Nicht, um zu verleugnen, sondern um das Publikum nicht zu überrollen. Wer genau hinschaute, konnte diese Liebe zwischen den Zeilen entdecken, aber in keinem meiner Texte habe ich meinen Glauben offen verkündet. Eines Tages kam jemand zu mir, von dem ich heute nicht einmal mehr weiß, wer es war, und meinte: »Jana, du hast so ein Talent, warum benutzt du es nicht für deinen Glauben? Warum benutzt du es nicht für deinen Gott?«

Diese Frage hat mich echt verstummen lassen. Bei mir war und ist es so, dass ich an meinen Texten nicht arbeite. Bis heute mache ich es wie in der Nacht, in der ich meinen ersten Text geschrieben habe: Wenn ich einen Gedanken habe, setze ich mich hin, setze den Stift aufs Papier, schreib auf, was ich auf dem Herzen habe, und irgendwann mache ich einen Punkt. Entweder dieser Text gefällt mir dann oder ich verwende ihn nie wieder. Das mache ich nicht aus Arroganz, weil ich glaube, der erste Text sei perfekt. Absolut nicht. Ich bin mir bewusst, dass das nicht der Fall ist. Aber ich bin auch davon überzeugt, dass der erste Text der ehrlichste Text ist. Der erste Text enthält genau das, was ich auf dem Herzen hatte, und genau so, wie ich es sagen wollte. Meine Texte habe ich nie für die Bühne geschrieben, ich habe sie nicht geschrieben, damit sie dem Publikum gefallen. Ich schreibe vom Herz aufs Papier. Dass die Texte resonieren und Anklang finden, das ist der Segen, das ist die Gunst, die ich erfahre.

Aber ein Text über meinen Gott? Davor hatte ich enormen Respekt und große Ehrfurcht! Denn dieser Text müsste der Text aller Texte werden, da dürfte kein Wort zu viel sein und kein Wort fehlen. Er dürfte niemanden beleidigen und er muss meinem Gott annähernd gerecht werden können. Ich habe mich einfach nicht getraut: Was, wenn es einer dieser Texte wird, bei denen ich einen Punkt setze und ihn einfach nie wieder verwende? Also habe ich erst mal weitergemacht wie zuvor. Doch eines Abends saß ich da und dachte mir: »Jana, es kann nicht sein, dass du über das Leben schreibst, aber nicht über den, von dem du glaubst, dass das Leben kommt.« Dann habe ich mich hingesetzt, dafür gebetet und in einem Guss einen Text geschrieben, den ich »Dein Kind« nannte:

Dein Kind

Mein Leben
ist eine Durchreise
und ich weiß auf diese Weise,
wen ich ehre, wen ich preise
für alles, was ich habe, was ich bin,
für all das, was ich nicht verdien und nicht gewinn,
für alles, was ich gar nicht haben wollte
und was doch das Beste war,
und ich weiß, an wen ich denke, wenn ich sag:
Mir ist jetzt alles klar.

Aus Leiden wurde Leben, und das ist
wunderbar,
ob ich weine oder lache, ich bin ihm immer
nah.
Und auch wenn ich's nicht immer denke,
er ist immer da,
und auch wenn ich ihn noch nicht einmal sah,
nicht fühlte oder roch, so weiß ich doch,
zu ihm kommen – werde ich noch.

Wenn mein letzter Atemzug vollbracht
und mein letzter Herzschlag gemacht,
weiß ich, dass meine Seele lacht,
denn sie geht zu dir, zu deiner Herrlichkeit und Pracht.

Noch bin ich hier und so lebst du in mir,
mein Dank, mein Lob, mein Amen
gebührt nur dir.
Mein Leben soll dein Loblied sein,
nicht ich will mich rühmen,
denn ich bin doch so klein,
will dich bloß ehren, denn du allein
gibst mir die Möglichkeit,
das bestmögliche Ich zu sein.

An nichts, was ich tue, habe oder kann,
kam ich je durch eigene Leistung dran.
Alles, jeder Stein bis hin zum Gold,
ist von dir geplant, von dir gewollt.
Jede Blume, jede Welle, jeder Wind,
untersteht dir wie ein Kind,
gehorcht dir, ja lauscht,
sodass das Meer im Takt deines Herzschlags rauscht.
Mit deinem Atem erwachte die Schöpfung zum Leben,
hast ihr Sinn, Verstand und Bestimmung gegeben.
Wo deine Liebe beginnt,
da ist kein Ende in Sicht.
Du bist einer,
der sein Versprechen nicht bricht,
einer, der mit Gnade nach Menschen, seinen Kindern, fischt,
der, der das Festmahl auftischt und alle einlädt.
Du kommst niemals zu spät,
dein Timing ist stets perfekt
und ohne dich wäre ich schon längst an dieser Welt verreckt.

Du Vater und Gott, du Schöpfer und Meister,
du Künstler, du Heiland, du Vorhangzerreißer,
du Tröster, du Sündenentblößer,
mein Glaube an dich wird jeden Tag größer.

Du schenkst mir Freude, erfüllst mein Herz,
so wie kein Mensch es kann,
und im Abspann meines Lebensfilms stehst du als Regisseur
über allen und so viel höher.

Kein Mensch kann mich verstehen,
alle glauben, ich bin am Abdrehen,
und das nur, weil sie die Geschenke deiner Liebe nicht sehen.

Menschen werden lachen,
während andere für ihren Glauben weinen,
nicht aufgeben, weil sie im Tod mit dir vereinen.

Menschen, wollen frei sein von deinem Gebot
und werden Sklaven dieser Welt.
Und ohne dass mir das gefällt, muss ich sehen,
wie einer nach dem anderen zu Boden fällt.
Jeder Mensch braucht ein Licht
in der Dunkelheit,
das ihm den Weg erhellt,
das ihn erlöst von dem Schmerzensschrei
der Zeit.

Du bist der, der aus Fesseln befreit.
Der, aus dem die Hoffnung gedeiht.
Du bist das Alpha, Omega,
bist mächtig, herrlich und wahr,
du bist den Menschen hier nah
und was auch in dem Leben eines jeden geschah.

Dich interessiert nicht,
wer und wie jemand war,
wer zu dir kommen will, für den bist du da,
nimmst ihn auf, so wie er ist, weil du niemanden an seiner
Leistung misst.

Eines Tages, oh Vater, werd ich's raffen,
denn mit dir, oh Gott, kann man alles schaffen.
Nichts ist für dich zu groß,
nichts stellt dich bloß.

Du predigst Nächstenliebe,
Erbarmen, Geduld,
predigst die Vergebung der Schuld,
Freude und Barmherzigkeit,
die uns von allen Zwängen befreit.

Wasser hast du zu Wein gemacht,
mit deinem Tod das Leben gebracht,
dort oben am Kreuz, sie haben alle gelacht,
und was hast du gesagt?
Es ist vollbracht!

Und ich weiß, ich bin komisch in den Augen dieser Welt,
komisch so lange, bis sie unter den Kriegen und Katastrophen
    zerfällt,
komisch so lange, bis du dich zeigst,
so lange, wie dein Gericht noch schweigt,
so lange, bis die ganze Schöpfung sich vor dir neigt.

Vater, du hast mir gezeigt, was Leben heißt,
hast mich erfüllt mit dem Heiligen Geist,
und ich steh hier oben als dein Kind,
das dich preist.

Nun, dann hatte ich einen Text über meinen Glauben und über meinen Gott, aber was sollte ich damit anfangen? Die Poetry-Slammer-Szene ist ziemlich liberal und tolerant und ich wusste: Wenn ich mich mit einem Text über meinen Glauben auf die Bühne stellen würde, dann klatscht das Publikum, weil es muss und weil das zu den Regeln gehört – »Respektiert die Slammer«, aber nicht, weil es hören möchte, was ich sage. Also habe ich Folgendes gemacht: Immer dann, wenn ich einen Slam gewonnen habe und eine Zugabe geben durfte, trug ich den Text »Dein Kind« vor. Meinen Text habe ich jedes Mal mit den gleichen Worten angekündigt: »Hey, danke, dass ich gewonnen habe, danke für eure Wertschätzung. Jetzt habe ich noch ein Text, der nicht euch gefallen muss, aber der mir gefällt.« Dann war Stille im Publikum. Ich hatte das Gehör der Menschen, weil sie mich als Gewinnerin gewählt hatten, und konnte sagen, was auf meinem Herzen lag. Das ist nicht feige, sondern strategisch. Jesus tat das Gleiche: Er begab sich mitten unter die Menschen, um in ihren Kreisen zu wirken. Von da an erlebte ich die krassesten Sachen. Einmal saß in der ersten Reihe ein Muslim, der nach der Vorstellung zu mir kam, um mir zu sagen: »Ich schätze das so.« Ein anderes Mal kam jemand auf mich zu und sagte: »Wir beide glauben, und das verbindet uns.« Das sind Momente, die mir bis heute in Erinnerung geblieben sind.

Mein erster Auftritt vor einem Publikum voller Christen kam ziemlich überraschend. Es war Januar 2015 und ich war auf einer christlichen Jugendfreizeit, von der ich euch nicht sagen kann, warum ich dort war. Irgendwie war ich über eine Freundin dort gelandet. »Wir schlafen alle auf dem Turnhallenboden und es gibt keine Duschen« – solche Freizeiten mag ich eigentlich überhaupt nicht. Am letzten Tag gab es ein Open Mic, also eine Offene Bühne. Wer wollte, konnte erzählen, was er in den letzten Tagen erlebt und auf dem Herzen hatte. In diesem Moment dachte ich mir; »Jana, du hast doch diesen Text.« Also ging ich spontan zu dem Typ rechts neben der Bühne und sagte: »Hey, ich bin Jana, und ich möchte gern einen Text vortragen.« Der Typ schaute mich an und entschied, ohne nachzufragen, was ich eigentlich vortragen wollte: »Du beendest das Programm.« Dabei wusste er absolut nicht, was ihn erwartete. Ich hätte singen oder sonst etwas auf der Bühne tun können. Sein Vertrauen war völlig unverdient und unberechtigt. So stand ich an diesem Abend als Letzte auf der Bühne und trug meinen Text vor, der eigentlich ein Gebet ist. Und zum ersten Mal hinterließ er in einem Raum voller Christen eine ehrfürchtige Stille. Diese Stille machte mir bewusst, was für eine Autorität in diesen Worten liegt und wie viel Kraft sie haben. Erst verstummten die Leute, dann waren sie begeistert. Ich war völlig irritiert, denn so eine Resonanz hatte ich noch nie erlebt.

Mein Auftritt sprach sich schnell rum. Am nächsten Tag kam kurz vor unserer Abreise das Filmteam auf mich zu und sagte: »Hey Jana, wenn du möchtest, dann würden wir deinen Text mit dir aufnehmen.« Am Morgen hatte ich noch überlegt, ob ich mir mit dem kalten Wasser aus dem Waschbecken des Schulklassenzimmers die Haare waschen sollte, und habe es lieber gelassen. Nun bereute ich es, aber was soll's, dachte ich mir. Spontan nahmen wir dieses Video auf und wenige Tage später passierte das, wovon ich noch vor wenigen Monaten gesagt hatte: Das werde ich niemals tun. Ich landete mit dem

Text »Dein Kind« auf YouTube. Es war ein Dienstag, ich postete den Link mit den Worten »Das Wort zum Dienstag« und dachte mir, dass sich vielleicht ein paar Freunde, meine Familie und ein paar Bekannte das Video ansehen würde.

Randnotiz: Immer, wenn du irgendwas im Internet hochlädst, solltest du dich auf alles gefasst machen – selbst wenn du denkst, dass das Video nur einige Leute sehen. Mein Video jedenfalls ist für damalige Verhältnisse viral gegangen. Es wurde enorm oft angeklickt, geteilt und versendet. Alle möglichen Leute sahen es. Mir war bewusst, dass es einen Shitstorm hätte geben können, denn ich war gerade sechzehn. Ein Alter, in dem man in der Stadt unterwegs und unter vielen jungen Leuten ist, die vieles anders sehen. Ich wurde wirklich überall auf dieses Video angesprochen. Doch die Reaktionen waren positiv. Nie hörte ich ein: »Hä, voll komisch, was glaubst du, was laberst du da?« Es lag so eine Gunst darauf. Leute standen mir gegenüber und sagten: »Jana, auch wenn ich deinen Worten nicht zustimme, dann kann ich dir doch zuhören. Dein Text beeindruckt mich und ich habe Respekt vor der Kunst, die darin steckt.«

Kunst kann ein Sprachrohr sein. Sie ist eine Art und Weise, um Menschen zu begegnen, eine Möglichkeit, die Sprache einer Generation zu sprechen. Stell dir vor, du sagst jemandem: »Hey, willst du dir meine Fünf-Minuten-Predigt anhören?« Recht wahrscheinlich sagt dein Gegenüber: »Predigt? Kirche, Glaube, Religion, Gott und Maria – da kann ich überhaupt nichts mit anfangen.« Aber ein Fünf-Minuten-Poetry-Slam-Text, das ist hipp und cool und das kann man sich mal geben. Auf diese Art und Weise war das damals einfach ein Türöffner zu den Herzen vieler Menschen.

Wenige Wochen später bekam ich eine Anfrage von einem der größten christlichen Jugendfestivals Deutschlands, dem Bundesjugendtreffen der Freien evangelischen Gemeinden, bei dem über 5.000 Teilnehmer erwartet wurden. Das Festival sollte schon drei Wochen später stattfinden. Doch obwohl das Line-up, also die Liste der Vortragenden, schon lange feststand, wurde ich kurzfristig gefragt, ob ich nicht meinen Text vortragen wollte. Ich war baff, musste aber auch an meine bevorstehende Matheklausur denken. Also sagte ich »Ja, warum nicht? Ich kann allerdings nur diesen einen Abend kommen, denn am Montag schreibe ich eine Prüfung«. Ich weiß noch ganz genau, dass ich im Zug auf dem Weg nach Erfurt Wahrscheinlichkeitsrechnung geübt habe. Noch nicht mal als ich ankam, wurde mir die Dimension dieses Ereignisses bewusst.

Auf einmal stand ich mit meinen sechzehn Jahren hinter der Bühne auf den Treppenstufen, die mich auf die bis dahin größte Plattform führen sollten – und ich bekam Ehrfurcht. Was tat ich da eigentlich? Ich bin kein Mensch, der Gott ständig auditiv reden hört, doch während ich in diesem Backstagebereich stand, hörte ich ganz klar, wie Gott zu mir sagte: »Jana, ich habe dich nicht nur berufen, ich habe dich befähigt.« Mit diesem Zuspruch und mit diesem Zutrauen konnte ich auf die erste große Bühne gehen – und es seither bei allen Bühnen, die noch folgen sollten, genauso tun. Eine Sache habe ich von Beginn an kultiviert: Das Erste und das Letzte, was ich vor und nach der Bühne tue, ist still werden vor Gott und mir seinen Zuspruch abholen.

Der Auftritt beim BUJU wurde gefilmt, landete erst auf Facebook, dann auf YouTube und machte erneut die Runde.

Nur wenig später fragte das erste Mal ein Verlag bei mir an. Am 1. Juli 2015, kein Jahr nachdem ich zum allererstem Mal einen Text geschrieben habe und auf der Bühne stand, unterschrieb ich meinen ersten Autorenvertrag, bekam Stimm- und Sprechtraining, nahm mein erstes Hörbuch auf und veröffentlichte es im Alter von siebzehn Jahren.

Schon in dem Moment, mehr aber noch rückblickend, kommt mir das einfach göttlich vor. Ich bin auf geebneten Wegen durch mir schon geöffnete Türen gelaufen. Da war mehr als Glück im Spiel. Das war Segen. Ich sehe in jeder dieser Begebenheiten, in denen ich »zur richtigen Zeit am richtigen Ort mit den richtigen Menschen« war, Gottes Hand und seine Gunst. Gleichzeitig ist mir bewusst, dass mutige Schritte auch aktiv gegangen werden müssen. Wir können viel dafür beten, dass sich Türen öffnen, wir Talente gezeigt bekommen, aber letztlich ist es an uns, loszugehen, zu entdecken, einzusetzen und zu entfalten.

Ich bin zu einhundert Prozent überzeugt, dass auch in dir Talent steckt und dass auch du begabt bist. Gott hat jeden Menschen nach seinem Ebenbild geschaffen und dich dabei nicht vergessen. Du bist gesegnet mit Talent. Und wenn du nicht weißt, was das sein soll, dann ermutige ich dich, einfach mal ein paar Menschen in deinem Leben, die dich wirklich gut kennen und lieben und die mit ihrem Rat das Beste für dein Leben wollen, danach zu fragen, was sie besonders an dir schätzen und als deine Stärke sehen. Du bist begabt. Und: Du bist berufen. Gott hat einen Ruf genau für dein Leben und einen Weg, auf dem du deine Fähigkeiten und Stärken bestmöglich einsetzen kannst. Gottes Ja steht über deinem Leben. Es steht außer

Frage, dass er einen Plan mit dir hat. Mach was draus. Geh auf die Suche und finde dein Talent. Es ist Gottes Geschenk. Und dann setz es ein – als dein Geschenk zurück an ihn.

Ich will und werde

E ine der häufigsten Vermutungen ist: Ich studiere Medizin, weil ich Krebs hatte. Doch tatsächlich war Medizin das einzige Studienfach, das ich von vornherein ausgeschlossen hatte. Lange Zeit stand für mich fest, dass ich auf keinen Fall Medizin studieren wollte. Ich konnte mir einfach nicht vorstellen, zurück ins Krankenhaus zu gehen, um jetzt auf der anderen Seite des Bettes, der Seite der Ärzte, zu stehen.

In der Schule ist mir das Lernen leichtgefallen. Für die Zulassung zum Medizinstudium braucht man in Deutschland ein sehr gutes Abiturzeugnis und darum denken viele Menschen bei guten Noten sofort an ein Medizinstudium. Immer wieder wurde ich gefragt: »Willst du nicht Medizin studieren?« Doch ich blieb dabei: auf keinen Fall.

Ich bin eine Kritikerin des klassischen Systems Schule. Nach 12 oder 13 Jahren steht man da und weiß absolut nicht, was seine Stärken oder seine Schwächen sind, worin man aufblüht oder nicht. Es gibt auch gar keine Möglichkeit, das herauszufinden, weil das Anforderungsprofil für alle gleich ist. Für individuelle Interessen ist im klassischen Unterricht kein Platz. Für alle gibt es denselben Lehrplan. Alle müssen das Gleiche leisten, dieselben Standardaufgaben bearbeiten und in allen Fächern gleich gut sein, um am Ende bestmöglich abzuschneiden. Dabei gibt es genügend Gründe, warum diese Art von Unterricht gar nicht dem Menschen, seinen Begabungen und seinen Talenten entsprechen kann.

Mein erstes Praktikum, ein Pflichtpraktikum, machte ich in den neunten Klasse an einer Schauspielschule. Schnell stellte ich fest: Ich werde keine Schauspielerin. Mehr Praktika waren von meiner Schule gar nicht vorgesehen. Danach hatte ich aber immer noch vier Jahre, bis ich mich endgültig entscheiden müsste, welchen Weg ich nehmen würde. Meine These ist: Wenn man Leuten nach der Schule sagt: »Nenn mir mal hundert Berufe!«, dann wären locker 70 Prozent davon dieselben – vermutlich Lehrer, Ärztin, Polizist – Berufe, die uns alltäglich begegnen. Aber es gibt so viele Jobs, die im Hintergrund laufen, Positionen, die viele von uns gar nicht kennen oder benennen können, und vielleicht wäre genau das unser Spot.

Wo mein Platz sein könnte, wollte ich herausfinden. Also habe ich in meinen Schulferien Praktika gemacht: Ich war zum Beispiel in einer Werbeagentur und durfte dort Werbefilme schneiden – das habe ich danach auch für mich ausgeschlossen. Immer wieder habe ich überlegt: Was sind meine Interessen und wie kann ich sie einsetzen? Das würde ich jedem Schüler und jeder Schülerin empfehlen. Mach Praktika! Als Schülerin habe ich zum Beispiel supergerne gebacken. Also habe ich überlegt: In welchem Beruf kann ich backen? Als Konditorin! Also habe ich geschlussfolgert: Ich sollte ein Praktikum in einer Konditorei machen! Einfach mal ausprobieren ist die Devise. Es kostet ja nichts – außer deine Investition in deine eigene Zukunft, also: Setz dich ein und bemühe dich. Manchmal musst du einfach mal anklopfen und nachfragen. Genau das habe ich gemacht, Bewerbungen geschrieben und viele Praktika gemacht. In jedem einzelnen Praktikum stellte ich fest: Ja, ist okay, aber irgendwie fühlt es sich an, als sei mein Herz hier nicht angekommen. Hier ist noch nicht mein Platz.

So ging es aufs Abitur zu und noch immer wusste ich nicht, welchen Beruf ich wählen und welches Fach ich studieren sollte. Mein Bruder empfahl mir BWL, Jura oder Medizin. Sollte ich also BWL studieren? BWL ist in Deutschland mit Abstand das beliebteste Studienfach. Ich dachte darüber nach und kam zu dem Schluss, dass mein Herz nicht dafür schlägt, den höchstmöglichen Profit zu machen oder mir zu überlegen, wie ich etwas besonders gut verkaufen kann. Mit BWL bekäme ich einen guten Job, um Geld zu verdienen, aber er entspräche nicht meiner Leidenschaft. Es war mir zu wenig aufregend, zu unpassend zu meiner Persönlichkeit.

An Jura reizte mich, dass es viel um die gewählte Sprache geht. Im Jurastudium muss man Texte analysieren, sie vergleichen und genau auf die Formulierung achten. Was mich gestört hat, war die ewige Frage nach dem Vergehen: Wo könnte jemand einen rechtlich belastenden Fehler gemacht haben? Letztendlich ist es also daran gescheitert, dass ich an das Gute im Menschen glaube. Ich glaube zunächst einmal daran, dass du es gut mit mir meinst und dass du es gut mit deinem Gegenüber meinst. So wie ich Vertrauen in meinem Leben als unverdienten Vorschuss empfangen habe, gebe ich ihn an mein Umfeld weiter. Im Umgang mit mir kann mir jemand dann das Gegenteil beweisen. Aber die Denkweise vieler Juristen, die ich kennengelernt habe, war: Wo ist der Haken, wo ist der Fehler und wie kann ich das beweisen? Und irgendwie, das mag jetzt auch klischeehaft sein, wollte ich nicht so werden.

Für mich waren noch zwei weitere Dinge im Rennen: Theologie und Journalismus. In der Zeit, in der ich mein Abitur machte, brachte ich auch mein erstes Buch heraus. Es hieß »aufwärts« und enthielt meine ersten Poetry-Slam-Texte. Zu diesem Buch durfte ich sehr viele Interviews geben. Diese Gelegenheit musste ich nutzen. Also stellte ich jedem Journalisten am Ende des Interviews die Frage: »Was haben Sie studiert?« Ihre Antworten haben mich überrascht. Kein einziger der Journalisten hatte Journalismus studiert. Das auch als Tipp an dich: Wenn du etwas wissen willst, frag nach. Frag Menschen aktiv, geh aktiv raus auf die Suche und lass dich auch beeinflussen von Stimmen, die dir etwas sagen können. Alle Journalisten hatten denselben Rat für mich: Studiere das Fach, das dich interessiert, in dem du deine Stärke siehst und worin du Expertin werden möchtest. Gut schreiben zu können, ist einerseits Talent, andererseits aber auch erlernbar. Außerdem ist der Schreibstil abhängig von der Zeitschrift, von dem Verlag und von dem Umfeld, in dem du tätig bist. Du musst in einem Bereich ein echter Insider sein, um dort auch als Journalistin Erfolg zu haben.

Dann habe ich etwas getan, was sich vielleicht etwas komisch anhört: Ich bin mit einem Gedanken schwanger gegangen. Ich habe mir vorgestellt, dass mir jemand die Frage stellt: »Hey, Jana, was studierst du?« Und meine Antwort wäre gewesen: »Theologie.« Und dann habe ich abgewartet, was dieser Gedanke in mir auslöst. Ich merkte, dass ich keinen Punkt hinter eine Entscheidung für ein Theologiestudium setzen konnte, sondern innerlich begonnen habe, mich zu rechtfertigen. Im Nachhinein bin ich enorm froh, nicht Theologie zu studieren. Im Laufe meines Weges sollte es sich noch als besonders erweisen, dass »Jana kein Theologie studiert« – wie dankbar bin ich dafür, dass Gott in meinem Leben zeigt, dass er dieses Studium zwar gebrauchen kann, aber nicht braucht, um mich und dich zu gebrauchen. Von Gott zu reden und seine Botschaft zu verbreiten, ist meiner Meinung nach nichts, was ausgebildeten Pastoren vorbehalten ist. Gott ist größer als ein gesellschaftliches Dogma.

Dieses Gedankenspiel habe ich mit verschiedenen Fächern durchgespielt. An den Moment, in dem ich mir den Gedanken »Ich studiere Medizin« zum ersten Mal zu eigen gemacht habe, kann ich mich noch genau erinnern. Damals saß ich mit meinen Eltern im Auto und wir standen gerade an einer Kreuzung. Wir wollten spazierengehen und waren unterwegs zu unserer »Waldrunde«. Das war der Moment, in dem ich zum ersten Mal den Gedanken annahm: Ich will Medizin studieren. Ich wartete auf meine innere Reaktion und rechnete damit, dass ich auch diesmal wieder keinen Punkt setzen könnte. Doch die innere Rebellion kam nicht.

Da ich ein sehr konsequenter Mensch bin, tat ich das Gleiche wie bei all meinen anderen Berufsideen: Ich suchte mir einen Praktikumsplatz und bewarb mich bei vielen Krankenhäusern. Ich musste damals wirklich zahlreiche Bewerbungen abschicken, bevor ich die Zusage für einen Praktikumsplatz bekam. Noch eine kleine Randnotiz: Wenn es beim ersten Mal nicht klappt, *guess what?,* versuch's ein zweites Mal. Wenn es beim zweiten Mal nicht klappt, *guess what?,* versuch's ein drittes Mal. Schließlich habe ich ein siebenwöchiges Pflegepraktikum absolviert, also ein Praktikum im Bereich der Krankenpflege. Im Medizinstudium ist ein Pflegepraktikum sowieso Pflicht, also hätte ich die Zeit schon einmal sinnvoll genutzt.

In diesen sieben Wochen habe ich viel gelernt. Zum einen, dass ich die Arbeit der Krankenschwestern und Krankenpfleger echt schätze. Sie begleiten die Patienten durch die Krankheit und manchmal bis zum Tod, und davor habe ich großen Respekt und tiefe Demut. Es ist so wichtig, dass es Menschen gibt, die ihren Job von Herzen gerne und gut machen. In absolutem Respekt vor der pflegerischen Tätigkeit habe ich festgestellt, dass ich mehr über die medizinischen Hintergründe wissen will: Warum geben wir dieses Medikament und nicht das, warum entscheiden wir uns für diese Therapie und nicht für die andere? Ich konnte eine Anweisung schwer einfach so annehmen, mich interessierten die medizinischen Zusammenhänge.

Generell finde ich wenig attraktiver an Menschen als das Bewusstsein darüber, dass hinter deiner äußeren Fassade ein Palast aus Gedanken und Wissen steckt. Es gibt so viele Bereiche, von denen ich keinen blassen Schimmer habe, aber in denen es enorm viel zu wissen und entdecken gibt. Nehmen wir ein sehr unübliches Beispiel, die Astronomie: Ich habe wirklich keine Ahnung von Sternkunde, aber es gibt Menschen, die echt informiert darüber sind, welcher Stern gerade über ihnen leuchtet. Oder Musik. Ich kann mir eine Playlist anmachen, aber irgendjemand hat die Lieder komponiert. Ähnliches habe ich in den Ärztinnen und Ärzten gesehen. Ich habe diese Personen gesehen und war fasziniert: Hinter dem, was ich sehe, und in euch steckt ein Palast aus Wissen. So ein Mensch wollte ich auch sein: Ich wollte selbst jemand sein, der dieses Wissen in sich trägt. So langsam wurde aus diesem »Ich will Medizin studieren« ein »Ich will und werde«.

Zwischendurch habe ich mich gefragt: Jana, was ist eigentlich das, das dich im Leben am meisten antreibt und fasziniert? Und das ist die Uferlosigkeit. Der Gedanke, inmitten eines Ozeans zu sein, kein Ufer zu sehen und weiterschwimmen zu müssen. Ich glaube, genau das macht vielen Menschen Angst. Viele Menschen lähmt es, wenn sie kein Land sehen können. Aber mich hat diese Vorstellung immer im Positiven angetrieben. Dieser Drive, immer unterwegs zu sein, sich immer weiterzubewegen, weiterzubilden, niemals anzukommen. Diesen Gedanken habe ich als sehr befreiend und motivierend wahrgenommen. Diese Uferlosigkeit erlebe ich auch in meinem Glauben. Ich kann ein Jahr Christin sein, zehn oder zwanzig, und ich werde niemals an den Punkt kommen, an dem ich sage: Jetzt habe ich den absoluten Durchblick. Ich kenne meinen Gott durch und durch und habe alles verstanden. Niemals. Denn er ist uferlos.

Ich werde hoffentlich bald mein Studium beenden und dann an einem Zwischenziel angekommen sein. Aber wenn ich in diesem Moment glauben sollte, dass ich jetzt fertig bin und nichts mehr dazulernen muss, dann werde ich nie eine gute Medizinerin, dann werde ich nie eine gute Ärztin sein. Das ist etwas, was mich an der Medizin fasziniert: eine Uferlosigkeit, das ewige Weiterlernen. Wissen, das heute neu ist, kann morgen wieder überholt sein, weil die Forschung immer weitergeht. Ständig gibt es neue Erkenntnisse und Entdeckungen, immer wieder gibt es einen neuen Durchbruch und neue Hoffnung für die Patienten. Diesen Gedanken mochte ich.

Mir war allerdings bewusst, dass ein Medizinstudium eigentlich gar nicht meinen Stärken entspricht. Meine Abiturprüfungen habe ich in den Fächern Deutsch, Englisch und Politik geschrieben. Physik und Chemie habe ich abgewählt, mein mündliches Prüfungsfach war Biologie. Physik, Chemie und Biologie sind aber gerade in den ersten Semestern des Medizinstudiums ziemlich präsent. Das Studium würde mich also herausfordern. Ich hatte das Gefühl, der Schritt, Medizin zu studieren, würde ein Schritt in die größtmögliche Abhängigkeit, in die ich mich hätte begeben können, sein. Schließlich hätte ich auch Germanistik studieren können oder irgendein anderes Studienfach, in dem es um Sprache oder auch um Menschen geht, also ein Fach, in dem meine Stärken liegen. Also betete ich: »Gott, wenn es wirklich ein Ruf von dir ist und deinem Willen entspricht, dann musst du mich durch dieses Studium und jede einzelne Prüfung hindurchtragen.«

Mehr und mehr formte sich in meinem Herzen eine Bereitschaft. Mein »Ich will und werde« wurde klarer. Wenn Gott will, würde er mir die Tür öffnen. Also beschloss ich, am Bewerbungsprozess teilzunehmen. An meiner Universität gehört zu dem Auswahlverfahren das Verfassen eines Motivationsschreibens. Ich begann es mit der Überschrift »Warum ich Medizin studieren werde«. An diesem Punkt schien es mir, als würde sich ein Kreis schließen, als hätte Gott mich schon ganz früh in meinem Leben darauf hingewiesen, dass das einmal meine Richtung und mein Weg sein wird. Aber Gott hat mich nie eingeengt, dieser Weg war nie von vornerein klar. Ich bin nicht durch meine ganze Schulzeit gelaufen mit dem Ziel, ein 1,0er-Abitur zu machen, Medizin zu studieren, in sechs Jahren fertig zu werden und später Oberärztin zu sein. Ganz im Gegenteil, ich hatte immer offene Freiheit und ich konnte den Platz suchen, an dem ich mich richtig fühlte.

Doch bis ich diesen Platz gefunden habe, war es ein langer Weg. Jeder Beruf, von dem ich zunächst dachte, er könnte mich reizen, war es letztendlich doch nicht. Im Letzten war der Schritt, Medizin zu studieren, ein Schritt im Gehorsam. Gehorsam meint, ich habe Gottes Ruf gehört und ich habe danach gehandelt. Gott hat mir alle Möglichkeiten und Freiheiten gegeben, mich anders zu entscheiden, aber nirgends fühlte ich mich richtiger als auf dem Weg, auf dem ich seinen Frieden spürte. Nicht, weil es mir so offensichtlich und machbar erschien, sondern in einem Vertrauen und im Bewusstsein einer Abhängigkeit. Ich erwartete, dass Gott sich mir als treu erweisen würde. Und das tat er:

In meinem Medizinstudium habe ich erlebt, dass Gott sich mir als maximal treu erwiesen hat. Mein Gebet war, »einfach durchzukommen«, aber Gottes Geschenk an mich war, dass ich sogar richtig gut war und bin. Er öffnete mir sogar die Tür zu einem Stipendium. Wieder tat ich genau dasselbe wie damals schon vor den USA: Ich habe mich einfach beworben mit der Einstellung, nichts verlieren zu können – und habe gewonnen. Im Laufe der Jahre hat Gott mir eine Liebe zu einem Fach geschenkt, von dem ich nie geglaubt hätte, dass es dieses Studienfach sein könnte. Die Tatsache, dass ich selbst mal da war, auf der Seite der Patienten, schenkt mir ein ganz besonderes Verständnis für den Menschen und für den Einzelnen. Ich glaube, dass Menschen, die nie selbst todkrank waren, sich manches nur schwer vorstellen können. Damit will ich nicht sagen, dass nur diejenigen, die eine Krankheit selbst durchgemacht haben, Mitgefühl für einen Patienten aufbringen können. Aber das eigene Erleben macht das Nachvollziehen leichter. Wenn du selbst diese Angst nie erleben und diesen Abgrund nie sehen musstest, kannst du dir einfach sehr schwer vorstellen, wie er aussieht. Mir scheint es, als ob ich in jungen Jahren eine Perspektive bekommen habe, die mir jetzt den Blick für das Herz des anderen öffnet und die eine Herz-zu-Herz-Connection möglich macht – auch in einem professionellen Rahmen.

Wenn du dich fragst: »Wie soll ich meinen Weg finden, wie soll ich wissen, was ich gut kann oder wo ich hin will?«, kann ich das gut verstehen. Viele von uns absolvieren heute mit 17 Jahren das Abitur und dann wird erwartet, dass wir uns überlegen, was wir für die nächsten Jahrzehnte tun wollen. Es scheint, als müssten wir schon jetzt die Weichen für unser restliches Leben stellen. Dieser Gedanke kann beängstigend und überfordernd sein. Vor uns liegt ein Ozean von Möglichkeiten, aber macht uns das wirklich frei? Ich glaube nicht. Ganz im Gegenteil, es lähmt und macht uns Angst, und diese Angst macht uns unfähig zu entscheiden. Warum? Weil wir Angst haben, dass unsere Entscheidung falsch ist und dass wir später nicht mehr umlenken und einen anderen Weg einschlagen können.

Es wird von uns erwartet oder wir erwarten von uns selbst, dass wir mit 17 Fundamente für unser Leben legen. Und das,

das möchte ich jetzt zum ersten Mal sagen, ist Quatsch. Du darfst dir Zeit nehmen, um deinen Weg zu finden. Und zum Finden gehört die Suche.

Wenn du gar nicht weißt, was deinen Interessen entspricht und wo deine Talente liegen, dann frag doch wieder die Menschen, die dich wirklich kennen und die dich lieben: Was schätzt du an mir? Was ist meine Stärke? Was kann ich richtig gut? Überleg dir, wo dein Herz aufgeht und was dich wirklich fasziniert. Wo kannst du länger verweilen als ein kurzes Durch-Instagram-Scrollen, woran bleibst du hängen? Überleg dir das, fass es zusammen und dann klopf einfach mal an Türen. Schreib Bewerbungen, versuch dich doch mal an Praktika und suche einen Ort, von dem du mit ruhigem Herzen sagen kannst: Das ist mein Platz.

Was mir sehr wichtig ist und ich mitgeben möchte: Wenn dein Ziel es dir wert ist, dann bleib auch dann dran, wenn es mal keinen Spaß macht. Ich glaube, wir leben in einer Zeit, in der alles, was mit Lernen und mit Wissen zu tun hat, bunt und farbenfroh sein muss. Aber das entspricht nicht der Realität. Manche Dinge kosten einfach Kraft und Energie und sie erfordern viel Disziplin. Eine der häufigsten Fragen, die ich gestellt bekomme, ist: »Macht das Studium Spaß?« Ich glaube nicht, dass das die entscheidende Frage ist. Die entscheidende Frage ist: Ist es das wert? Ist es das, wo du hinwillst? Denn wenn du dort ankommen willst, dann sollte es dir wert sein, die Dinge zu investieren, die es kostet und die es braucht. Du wirst deine Zeit, deine Energie und dein Herzblut investieren müssen. *For real*, niemand kann mir sagen, dass es ihm Spaß macht, zehn Stunden am Tag für ein Examen zu lernen, innerlich komplett aufgelöst zu sein und trotzdem weiterzumachen. Solche Zeiten sind keine spaßigen Zeiten, aber es sind Zeiten, die deinen Charakter schulen.

Ich sehe mein Studium weniger als eine Schule des Wissens, denn ich lerne zwar viel, aber ich vergesse ehrlich gesagt auch wieder viel. Wenn du mich heute irgendwas zu respiratorischen Koeffizienten fragst, müsste ich es auch erst nachlesen und nachgucken – so wie die meisten andere Menschen und Mediziner auch. Mein Studium bis hierhin ist für mich eine Charakterschule, die mich Disziplin gelehrt hat. Ich habe erlebt, was es bedeutet, an etwas dranzubleiben, weil ich mich dafür entschieden habe. Ich stehe zum Beispiel seit über vier Jahren jeden Tag um acht Uhr auf der Matte, meistens sogar um sieben. Ich habe erfahren, dass ich mich investieren kann, muss und darf, dass ich dazu fähig bin und dass ich erfolgreich fertig werde.

Viele Erkenntnisse aus meinem Studium kann ich auch auf andere Lebensbereiche übertragen. Mittlerweile studiere ich über vier Jahre und obwohl ich an manchen Tagen keinen Bock mehr habe, mache ich trotzdem weiter. Warum? Weil ich mich dazu entschieden habe. Für mich ist das eine Erkenntnis, die ich auch auf Beziehungen übertragen kann. Als meine Eltern vor über dreißig Jahren geheiratet haben, haben sie sich füreinander entschieden. Sie haben sich dafür entschieden, beieinander zu bleiben und weiterzumachen, auch wenn sie sich nicht an allen Tagen danach fühlen. Das gilt nicht nur für die Ehe, das gilt auch für Freundschaften und alle anderen Dinge, die es wert sind, sich zu investieren. Betreibst du leidenschaftlich eine Sportart oder spielst du ein Instrument? Dann weißt du sicherlich, dass es viel Training braucht, um wirklich gut zu werden – auch an Tagen, an denen du keine Lust hast. Exzellenz entsteht durch beharrliches Durchhalten. Es wird nicht zu jedem Zeitpunkt Spaß machen, aber wenn du weißt, was dein Ziel ist und dass es dir das wert ist, dann wirst du die Kraft investieren, die es kostet.

Wenn du gerade ein Jahr studiert hast oder ein Semester, und du denkst dir, dass es voll anstrengend und hart ist und du am liebsten aufhören möchtest, dann stell dir doch einmal kurz die Frage: Hast du dich wirklich komplett vergriffen? Studierst du ein Fach, in dem du völlig falsch bist? Hey, dann pack deine Sachen, nimm deinen ganzen Mut zusammen und probiere noch mal einen anderen Weg aus. Finde den Ort, an dem du richtig bist. Aber wenn du sagst: Krass, dieser Weg ist echt anstrengend und erfordert total viel Disziplin. Ich muss früh aufstehen und echt viel lernen, dann möchte ich dir sagen: Frag dich, ob du dein Ziel erreichen willst und ob es dir das wert ist. Wenn du es erreichen willst, dann würde ich dich motivieren, dabeizubleiben und zu lernen, standhaft und beharrlich zu sein und dich zu investieren. Wenn du sagst, das ist es mir nicht wert, dann musst du auch mit dieser Konsequenz leben. Du darfst dich gegen einen Weg entscheiden. Es wird einen anderen für dich geben. Aber versink nicht in Frust und Selbstmitleid, weil du nicht bereit bist, diszipliniert dabeizubleiben und auch mal die Zähne zusammenzubeißen. Als ich für mein erstes Staatsexamen, das sogenannte »Physikum«, also die Prüfung nach dem ersten Teil meines Medizinstudiums, gelernt habe, habe ich alles andere als Freude daran empfunden. Doch ich wusste, dass die Prüfung eine kleine Zwischenetappe ist, eine kleine Zwischenhürde, die mich weiterbringen wird. Solche Zeiten betrachte ich daher als Charakterschule.

Letztendlich geht es Gott superwenig darum, ob ich mein erstes Examen geschafft habe und ob ich mein zweites Examen schaffen werde. Gott geht es auch nicht darum, ob du deinen Bachelor machst, deinen Master, deine Ausbildung erfolgreich beendest oder den Schlussabschluss schaffst. Das sind alles kleine Variablen. Worum es Gott wirklich geht, ist dein Herz. Gott geht es um deinen Charakter und um dein Herz. Und darum, dass du darin geschult und geschliffen wirst. Das geht nicht immer schnell, es kostet Zeit, kann wehtun und erfordert manchmal sogar Umwege.

Ein Diamant sieht ungeschliffen wie ein unscheinbarer Kieselstein aus. Das, was ihn zum Funkeln und Glänzen bringt, ist die Arbeit, die in ihm steckt. Durch den Schliff wird der Diamant an Gewicht und Substanz verlieren, aber das Schleifen wird seine wahren Qualitäten zum Vorschein bringen. Das kannst du auch auf den Menschen übertragen, dessen Charakter geschliffen wird und der auf diesem Weg den Stolz und den Gedanken, dass alles immer sofort klappen muss, verloren hat. Dieser Prozess kostet etwas. Es kostet Aufgabe, es kostet Hingabe.

Vielleicht fühlst du dich gerade, als seist du mitten in einem herausfordernden Schleifungsprozess. Dann will ich dir sagen: Freue dich darüber, dass da jemand ist, der sich dir annimmt und der dir sagt: Du bist es mir wert, geschliffen zu werden, dein Herz ist es mir wert, geschliffen zu werden, und ich möchte deinen Charakter hervorholen und hervorheben und stärken. Du hast Potenzial.

Wenn mir jemand sagt, »Jana, bleib, wie du bist«, dann verstehe ich den guten Gedanken dahinter, aber ich wünsche mir, verändert zu werden. Ich möchte jeden Tag ein Stückchen mehr verändert werden, täglich mehr eine Frau nach dem Herzen Gottes sein und werden, aber *guess what?*, das werde ich niemals in Gänze schaffen. Ich werde niemals am Land angekommen sein, weil die Aufgabe, die vor mir liegt, uferlos ist. Und diese Uferlosigkeit, die lähmt mich nicht, sondern die treibt mich an, immer weiterzuschwimmen.

Gottes Influencerin

»*ollower of Christ*« – Nachfolgerin Christi, das stand in der Biografie meines Instagram Profils. Als Kind meiner Zeit war ich von Anfang an in den sozialen Medien aktiv. Zunächst auf Wer-kennt-wen, später auf Facebook und schließlich meldete ich mich vor fast acht Jahren auf Instagram an. Ich bin überzeugt davon, dass ein Mensch in den sozialen Medien das zeigt, was ihm wichtig ist, für was er steht und was er liebt. Stell dir vor, jemand spielt Fußball. Dann siehst du wahrscheinlich ein Bild von ihm oder ihr auf dem Platz; wenn eine Person singt, siehst du ein Video von ihr, wie sie singt. Daher war es für mich nicht mutig oder extravagant, sondern ganz normal, auf meiner Plattform zu zeigen, was ich tue, und vor allem: dass ich glaube. Mir erschien das selbstverständlich.

Als Privatperson Jana habe ich meine Seite gestartet. Mir folgten anfangs nur ganz wenige Leute, so, wie das eben ist. Nachdem ich mein erstes Buch herausgebracht hatte, bekam ich immer häufiger Einladungen für Veranstaltungen. Ich wurde für Poetry-Slam-Workshops angefragt und trug meine

Texte auf Konferenzen vor. Später durfte ich mein zweites Hörbuch herausbringen. Meine Bekanntheit wuchs und damit auch stetig die Reichweite auf meiner Plattform.

Ich steckte schon mitten in meinem Medizinstudium, als ich im November 2017 im Alter von neunzehn Jahren eine lebensverändernde Anfrage bekam. Die Evangelische Kirche in Deutschland wollte ausprobieren, ob Glaube als Thema in den sozialen Medien funktioniert. Dazu hatte es eine große Ausschreibung gegeben, bei der viele verschiedene Medienfirmen ihre Ideen eingereicht hatten. Eine dieser Firmen hatte mich über meine schon vorhandene Präsenz in den sozialen Medien und den Spruch in meinem Profil gefunden: »*Follower of Christ*«. Ich wurde von Mediakraft angeschrieben – und konnte mit der Anfrage erst mal gar nichts anfangen.

Nicht im Ansatz habe ich damals erahnt, was auf mich zukommen würde. Aber es klang interessant. Also habe ich einfach mal ein Vorstellungsvideo gedreht und wurde dann nach Köln eingeladen. Wir haben ein Konzept entworfen, Probevideos und ein Porträt gedreht. Irgendwann war dann der Pitch, also Stichtag, an dem alle Firmen ihr Konzept vorgestellt haben. Schließlich hat Mediakraft mit unserem Konzept und mit mir als Protagonistin dieses Projekt als Auftrag gewonnen. So konnte im April 2018 der YouTube-Kanal »Jana« an den Start gehen. Bekannt wurde der Kanal später eher als »Jana glaubt«. Wir suchten nach einem noch freien URL-Namen und ich schlug »Jana glaubt« vor. Denn genau das tat und tue ich.

Im ersten Jahr produzierten wir pro Woche zwei Videos: ein Vlog, also ein Video-Blog, in dem ich die Leute an meinem ganz normalen Leben teilhaben ließ – an dem, was ich glaube und denke, wie ich agiere, an meinem Studium und an meiner Gedankenwelt. Das zweite Video war immer ein Themenvideo. Diese Themenvideos waren ganz verschieden: Es gab Monologe, bei denen ich auf meiner gelben Couch saß und die im »Jana glaubt«-Studio in Köln gedreht wurden, und es gab Interviews mit spannenden Leuten wie zum Beispiel einem Seenotretter, Weltreisenden oder einer jungen Muslima. Für immer in Erinnerung bleiben werden mir auch unsere kurzen Reportagen. Meine prägendste Erfahrung war der Besuch in einer Justizvollzugsanstalt für junge Erwachsene. Legendär waren auch die Kaffeedates, bei denen ich einfach auf die Straße gegangen bin und ganz verschiedene Leute angesprochen habe, ob sie einen Kaffee mit mir trinken gehen wollen. Ich bin überzeugt: Jeder Mensch hat eine Geschichte und es liegt an dir, ihr zuzuhören.

In diesem ersten Jahr produzierten wir nicht nur über hundert Videos, sondern ich absolvierte gleichzeitig mein erstes Staatsexamen in der Medizin. Im zweiten Jahr stellten wir den Rhythmus um und veröffentlichten vier bis fünf Videos im Monat, die dafür etwas aufwendiger waren. Diese zwei Jahre haben mein Leben massiv geprägt und beeinflusst. Ich führte ein Leben zwischen Montag und Freitag, zwischen dem Schreibtisch und der Kamera, zwischen Hörsaal und Bühne.

Mein Herzensanliegen war es immer, die beste Botschaft der Welt in die sozialen Medien zu bringen, weil ich glaube, dass wir Menschen dort begegnen müssen, wo sie sind. In meiner Generation und in unserer heutigen Zeit sind sie in den sozialen Medien. Wenn ich Menschen nicht in die Gottesdienste bringen kann, dann bringe ich den Gottesdienst eben zu den

Menschen. Glaube ist nicht veraltet und Jesus ist heute noch relevant. Wenn wir in den sozialen Medien alles finden, warum dann nicht auch die beste Botschaft der Welt? Wenn Gott verspricht: »Wer sucht, der wird finden«, dann lässt er sich auch über Google, über Instagram, über Facebook finden. Es ist unsere Aufgabe, die Plattformen verantwortungsvoll zu bespielen und ihm dort den Raum zu verschaffen, der ihm zusteht und der ihm gebührt.

Relativ ungeplant wurde ich über die Zeit zu einer Vorausgeherin, zu jemandem, der eine Generation prägt. Ich habe mein Profil nicht mit dem Ziel gestartet, eine Seite zu kreieren, die offen und mutig vom Glauben erzählt, sondern ich war und ich bin einfach immer Jana – und Glaube ist das Fundament meines Lebens. Das ist das, woraus ich meine Werte schöpfe, worauf ich mich gründe. Ich begann, eine Position einzunehmen, die ich nie selbst eingefordert habe. Es gab keine Jobausschreibung für diese Position und niemanden, in dessen Fußstapfen ich hätte treten können, sondern sie war etwas ganz Neues.

Als wir 2018 mit unserer YouTube-Plattform begannen, wurden wir von vielen nicht ernst genommen. In den Medien wurde ich als »Gottes Influencerin« oder »Gottes frommes Girl auf YouTube« belächelt, nach dem Motto »Ja, lass die kleine Blonde mal machen mit ihren sozialen Medien«. Die einen fanden das, was ich tat, völlig irrelevant und stellten meine Intelligenz infrage. Andere machten sich lieber über mich lustig und amüsierten sich über meine Augenbrauen. Dafür, dass die Videos als so nichtig betitelt wurden, interessierten sie recht viele Leute.

Die Anerkennung und Relevanz meiner Person musste ich mir in vielen Kreisen erst erarbeiten. Das hatte ich schon als Poetry-Slammerin mit 16 Jahren erfahren und jetzt erlebte ich es wieder. Wichtig war mir schon immer dieser Bibelvers: »Niemand hat ein Recht, auf dich herabzusehen, weil du noch so jung bist. Allerdings musst du für die Gläubigen ein Vorbild sein: in allem, was du sagst und tust, in der Liebe, im Glauben und in deinem aufrichtigen Lebenswandel.« (1. Tim 4,12) Diesen Satz schreibt Paulus an Timotheus. Und diese Wahrheit habe auch ich mir immer wieder in Erinnerung gerufen und mein Leben danach ausgerichtet. Ich arbeite nicht für den Applaus von Menschen.

Heute bin ich die einflussreichste christliche Influencerin im deutschsprachigen Raum. Ich stehe auf einer Plattform und bin einen Weg gegangen, von dem ich weiß, dass Gott ihn geebnet hat. Als ich damals als Austauschschülerin in den USA im Office des Schulpastors gesegnet und ausgesandt wurde, hatte ich nicht ahnen können, was für ein Weg vor mir lag. Von den Möglichkeiten, die ich später haben würde, habe ich damals noch nicht einmal geträumt. Gerade in der Coronazeit hat sich gezeigt, dass Gott über zwei Jahre im Voraus begonnen hat aufzubauen, was zu einem bestimmten Zeitpunkt wichtig werden sollte: eine einflussreiche Präsenz in den Onlinemedien. 2020 hat keiner mehr darüber geschmunzelt, dass die kleine Blonde »ruhig mal ein bisschen was im Internet machen« kann. 2020 mussten alle einsehen: Entweder wir gehen online, oder wir sind raus. Sämtliche Gottesdienste und Veranstaltungen, alles, was noch stattfinden sollte, musste umgedacht und neu gedacht werden. Einen Schritt, den wir schon längst getan hatten: Gott hat begonnen, mit mir eine Arche zu bauen, bevor die Flut kam.

Man kann sagen: »Krass, was für eine Reichweite, Auftritte vor Tausenden Leuten, drei veröffentlichte Bücher, Nummer vier und fünf sind in der Pipeline, ihr Name ist bekannt.« Aber all das geschah nicht von heute auf morgen und es war kein einziger großer Schritt, sondern es waren kleine Schritte, treu jeden Tag.

Ich glaube, dass viele Menschen mich und auch andere angucken und sagen: »Was für ein aufregendes Leben! Ich würde auch gern auf den großen Bühnen stehen und all diese Leute treffen. Ich wäre auch gerne so wie Person XY.« Ich kann das verstehen. Die entscheidende Frage aber ist: Bist du bereit, das zu werden? Bist du bereit, treu jeden Tag kleine Schritte zu gehen, dranzubleiben, nicht aufzugeben, dich nicht entmutigen zu lassen, zu Recht und zu Unrecht kritisiert zu werden? Bist du bereit, mutig vorauszugehen und offen für Neues zu sein? Bist du bereit, zu werden, was du sein willst und wozu Gott dich berufen hat?

Egal was für ein Talent du hast, Gott kann und will dich gebrauchen. Die Art und Weise wie und der Ort, an dem du dich einsetzen kannst, wird sich möglicherweise über die Zeit ändern, aber die Botschaft bleibt dieselbe. Ich bin nicht dazu berufen, Poetry-Slammerin zu sein. Denn hätte ich gesagt: »Ich bin Poetry-Slamnerin, ich bin Künstlerin«, Punkt, aus, Ende, was wäre ich denn dann drei Jahre später gewesen, als Poetry-Slam auf einmal irgendwie out war und es keinen mehr interessierte? Erst nannte man mich Poetry-Slammerin, dann YouTuberin, heute nennt man mich Influencerin oder Speakerin. Zu all dem bin ich nicht berufen, ich bin auch nicht zur Medizinerin berufen. Ich bin berufen, wir sind berufen und du bist berufen, Gottes Botschaft, das Evangelium, zu verkünden. Und die Art und Weise, wie wir das tun, das ist Sendung. Die Berufung bleibt dieselbe, die Sendung kann sich ändern.

Unsere Sendung ist temporär, sie ist wandelbar, sie wird sich ändern und ist abhängig von der Zeit und den Umständen. Doch auch wenn sich unsere Sendung ändert, unsere Identität als geliebtes Kind Gottes bleibt. Eine tiefe Verwurzelung in Gottes Liebe ist matchentscheidend dafür, dass du auch in den Veränderungen des Lebens, in den Stürmen und Unsicherheiten, immer noch stehen kannst, weil du weißt, dass dein Fundament trägt. Der erste Ruf deines Lebens ist es deshalb, nah am Vaterherz zu sein und zu wissen, dass sein Blick und sein Ja über deinem Leben steht. Diese erste Berufung ist das Fundament, von dem aus du dich auf den Weg machen darfst.

Ich hätte mir diesen Weg nie erträumen können und bin immer wieder von Gottes Traum für mein Leben überrascht worden. Und ich glaube, dass Gott auch Überraschendes für dich bereithält.

Hass und Hype

Jana, von fast allen Fernsehsendern wurdest du schon interviewt. Es werden dir immer wieder die gleichen typischen Fragen gestellt und du stellst dich einfach hin, lächelst die Menschen an, sagst, ›Ich steh für was ich steh‹, und es ist dir komplett egal, was ihr darüber denkt. – So kommt es zumindest rüber.« Das wurde mir während eines Interviews auf der Bühne einer großen christlichen Konferenz im Januar 2020 gesagt. Das hörte ich nicht zum ersten Mal. Nach außen schien es vielen Menschen so, als hätte ich die letzten zwei Jahre im Rampenlicht ziemlich cool und entspannt gemeistert.

Man muss sich vorstellen, dass ich in der ersten Zeit meinen Glauben auf eine moderne Art und Weise als christliche Künstlerin auf christlichen Festivals und anderen christlichen Events bezeugt habe. Das Publikum bei diesen Veranstaltungen besteht aus Menschen, die meiner Botschaft zustimmen und die feiern, auf welche besondere Art und Weise ich das tue. In den eigenen Kreisen gibt es wenig Gegenwind. Aber der Schritt raus auf YouTube ging hinein in ungewisses Neuland. Mir war klar, dass ich mit Stimmen von allen Seiten konfrontiert werden würde, dass es jetzt stürmischer werden könnte und ich mit mehr Kritik und auch Beleidigungen zu rechnen hatte. Ich wusste, dass es entscheidend sein würde, wer zuerst da war: die Leute, die »Jana glaubt« supporten und wertvolles Feedback geben, oder die Menschen, die den Kanal mit ihrer Häme und ihrem Spott auf verbale Art und Weise bespucken würden.

Tatsächlich ist das, was ich in diesen zwei Jahren erlebt habe, für mich sehr herausfordernd gewesen. »Jana glaubt« war ein Pionierprojekt der Evangelischen Kirche Deutschland, aber ich war diejenige, die mit ihrem Gesicht und ihrem Namen dafür an der Frontline stand. Über einen Zeitraum von zwei Jahren und zwei Monaten habe ich den Umgang mit Menschen, Medien, Meinungen, mit Hass und Hype – kennen– und beherrschen gelernt.

Kaum hatten wir im April 2018 mit »Jana glaubt« gestartet, begegnete mir Hohn, Missgunst, teilweise sogar Hass. Nicht nur unter den Videos und in den sozialen Medien gab es viele gehässige und verletzende Kommentare. Auch in der Presse wurde über meine Person hergezogen. Schnell stand ich an dem Punkt, an dem ich mir selbst entscheidende Fragen beantworten musste: Warum mache ich das? Ist es das wert? Bleibe ich stehen in Anbetracht all dessen, was mir entgegengeschmettert wird? – Mir war es das wert. Jesus war sein Leben nicht zu schade für mich. Und mein Ruf war und ist mir nicht zu schade für ihn.

Warum wurden manche Menschen in ihren Kommentaren so emotional und teilweise sogar verletzend? Irgendwann habe ich verstanden, dass es gar nicht um mich geht. Dieser Unmut und Spott richtet sich nicht gegen mich und meine Person. Es ist auch absolut nicht relevant, dass Menschen meine Augenbrauen nicht gefallen oder dass sie meine Intelligenz anzweifeln. Es geht hier gar nicht um mich. Nicht ich rege diese Menschen auf, nicht meine quirlige Art oder meine scheinbar viel zu übertriebene Euphorie, sondern was sie aufregt, ist der, von dem ich spreche. Der Name Jesus polarisiert und emotionalisiert. Es gibt wenig Menschen, die das Thema »Glaube« völlig kalt lässt. Sonst würde es die Menschen nicht aufregen, wenn ich mich auf Johannes 14,6 berufe, wo Jesus sagt »Niemand kommt zum Vater denn durch mich« (LUT). Niemand kommt zum Vater als durch den, von dem ich glaube, dass ich ihn kenne. Ich kenne den Weg, die Wahrheit und das Leben. »Jana hat Gott gefunden, und wir sollen es ihr gleichtun« spottete eine junge Journalistin. Auch wenn ich in meinen Videos nie dazu aufgefordert habe, meinen Glauben zu teilen, denken sie und andere sich: »Wie kann Jana bloß so anmaßend von Gott reden?«

Im Alten Testament steht: »In das Herz des Menschen hat Gott den Wunsch gelegt, nach dem zu fragen, was ewig ist.« (Pred 3,11) Die Suche nach dem Sinn stelle ich mir wie die Suche nach einem fehlenden Puzzleteil vor. Ich kann endlos danach suchen, was meinem Leben Sinn gibt: Ich kann Karriere machen, kann mir Titel zulegen, Beziehungen suchen. Ich kann mich darum bemühen, dieses Puzzleteil mit allem Möglichen auszufüllen, aber letztlich ist dieses Puzzleteil »*Jesus shaped*«. Bis ich ihn nicht in meinem Herzen habe, werde ich suchend sein. Meine Gewissheit darüber, dass ich angekommen bin und dieses fehlende Puzzleteil gefunden habe, wühlt jene auf, die nicht Suchende sein wollen.

Darum denke ich: Wenn es doch so irrelevant ist, was ich erzähle, wenn es so nichtig, absurd und langweilig ist, warum wühlt es dich auf? Warum regt es dich so sehr auf? Warum hat es so viel Kraft und Macht, dass die Zeit, Süddeutsche und Welt darüber schreiben? In viele großen deutschen Zeitungen wurde ich als »Gottes Influencerin« betitelt. Ich weiß, dass es belächelnd gemeint war. Ich sei eben statt für Abnehmtees und Lippenstifte Influencerin für Jesus, spottete ein Artikel. Aber ich finde, dass es mich ehrt, denn es zeigt, von wem ich komme, es zeigt, auf wen ich weise, und es zeigt, wohin ich will. Und wenn ich mit dem, was ich sage und tue, Spuren im Leben anderer hinterlasse, die auf Gott weisen, dann will ich das sehr gerne tun.

Auch wenn ich mir den Namen »Gottes Influencerin« nicht selbst gegeben habe, trage ich ihn heute mit Überzeugung: Ich bin »Influencerin Gottes«. Ob du das willst oder nicht, ob dir das lieb ist, ob du das Wort blöd findest oder nicht und ob du es glaubst oder nicht: Wir alle sind Influencer. Auch du. Du beeinflusst dein Umfeld und dein Umfeld beeinflusst dich. In deiner Schule, an der Uni, in deiner Familie, an deinem Arbeitsplatz oder im Sportverein. Das ist deine Bühne, dein Einflussbereich. Wichtig ist, dass wir dort sind, wo es unseren Gaben entspricht – egal wo das sein mag. Einfluss beginnt nicht bei einer bestimmten Follower-Zahl. Verantwortung wächst mit der Reichweite, aber Verantwortung beginnt dort nicht. Darüber sollten wir uns bewusst sein.

Doch das eine waren die spöttischen Kommentare von denjenigen, die die christliche Botschaft generell ziemlich fragwürdig finden. Viel dramatischer für mich und mein Herz war die

Kritik aus den »eigenen Reihen«. Ich erlebte, dass viele Christen für sich beanspruchen, dass sie und nur sie die einzige Art und Weise gefunden haben, wie der christliche Glaube richtig gelebt wird. Heftige Kommentare erhielt ich zum Beispiel, als ich mich mit einer jungen Muslima über meinen Glauben austauschte oder mich mit einer Frauenärztin über das Thema Abtreibung unterhielt. So viel Feindseligkeit in und Ablehnung aus den eigenen Reihen zu erleben, war deutlich herausfordernder. Und ehrlich gesagt: Wenn ich als Außenstehende sehen würde, wie Christen miteinander umgehen, würde mich das womöglich so abschrecken, dass ich lieber auf Abstand gehen würde. Wirklich, beim Anblick meines eigenen Postfaches und Durchlesen zahlreicher Mails und Meinungen an und über mich schämte ich mich für meine Mitglaubenden.

Immer wieder kam auch aus christlichen Kreisen der Vorwurf: Wie kann eine Freikirchlerin mit der Landeskirche zusammenarbeiten? Das passte sowohl manchen Christen aus der evangelischen Landeskirche als auch manchen Christen aus Freikirchen überhaupt nicht. Interessant, dass man sonntags »Einheit« predigen und gleichzeitig Separierung leben kann. Dass der allererste Artikel, der in einem christlichen Magazin über unser Projekt geschrieben wurde, den Titel »Eine Freikirchlerin wirbt für die EKD« trug, verdeutlicht dieses Problem meiner Meinung nach ganz gut. Wer mich kennt und wirklich verfolgt hat, weiß: Ich habe nie Werbung für die Evangelische Kirche Deutschland gemacht, sondern ich habe von meinem Glauben erzählt. Egal, ob das nun auf einer Bühne des evangelischen Kirchentags, in einem katholischen Jugendzentrum, auf dem Festival einer Freikirche oder mit dem Sitznachbarn im Zug war. Das ist der signifikante Unterschied. In der Bibel heißt es: »Gemeinsam bilden wir alle den Leib von Christus, und jeder Einzelne ist auf die anderen angewiesen.« (Röm 12,5) Wenn dann das Erste, was wir tun, ist, auf Spaltung zu pochen, dann sind wir komplett am Ziel vorbeigegangen. Und zwar beide: Freikirchler und Landeskirchler – Christen eben.

Darum möchte ich auch weiterhin von meinem Glauben erzählen – egal ob ich mit Menschen aus der evangelischen Landeskirche, Katholiken, Freikirchlern, Agnostikern oder Atheisten spreche. Denn das ist gelebtes Evangelium. Dazu möchte ich auch dich ermutigen. Jedes Gegenüber, das dir begegnet, ist in erster Linie ein Geschöpf des gleichen Gottes, an den du vielleicht bereits glaubst. Auf dem Siegel, mit dem Gott unsere Herzen versehen hat, steht keine Konfession, sondern dort stehen sein Ja und seine Liebe. Was glauben wir, wer wir sind, dort Unterschiede zu machen, wo Gott allen die gleiche unfassbare Gnade zukommen lässt?

Es braucht einen Charakter, der standhaft ist und der gelernt hat, im Sturm stehen zu bleiben – und wenn es ein Shitstorm ist. Doch es gab noch mehr Herausforderungen: Wie oft habe ich mir Verbesserungsvorschläge und Kommentare aus dem Off angehört. Ich kann heute nur noch müde darüber schmunzeln: Weißt du, es ist sehr einfach, aus dem Backstagebereich oder vor dem Bildschirm zu sagen: »Sag mal dies oder mach mal das. Warum sagst du es nicht so und wie kann das sein?« Aber wie wäre es, wenn du dich hinstellst, mit deinem Namen und deinem Gesicht und wenn du die Reaktionen in seiner Gänze erlebst? Nicht nur den Glanz, nicht nur das Gefühl, viele Follower zu haben, Autogramme zu geben und auf der Bühne zu stehen, sondern wenn du alles davonträgst. Ich hätte Respekt davor, weil es mutig ist, sich nicht zu verstecken. Und ich würde die Letzte sein, die dir Pfeile in den Rücken schießt.

Mit der wachsenden Öffentlichkeit und der wachsenden Kritik musste ich lernen, dass ich es nicht jedem recht machen kann. Diese Erkenntnis klingt total simpel, aber als Person, die danach strebt, es wirklich gut zu meinen und mich jedem zu erklären, war das etwas, was ich wirklich lernen musste. Ich musste lernen, was meine Eltern mir von klein auf mitgegeben haben: Jana, für alles, was du tust, musst du dich rechtfertigen. Doch es gibt nur einen, dem du wirklich Rechenschaft schuldig bist, und das ist dein Gott. Am Ende meines Lebens möchte ich hören, was ich in der Bibel in Matthäus 25,21 lese: »Sehr gut, meine treue und tüchtige Dienerin.« Meine Knie werden sich dann nur vor diesem einen Gott beugen, so wie sie es zu Lebzeiten schon getan haben. Die letzten Jahre haben mir beigebracht, mich nicht den Meinungen von Menschen zu beugen, die mich noch nicht einmal kennen. Wenn ich auf alles und jeden höre, dann kann ich nirgendwo hingehen, dann bin ich wie eine Fahne im Wind, die ständig ihre Richtung ändert. Damit sage ich nicht, dass niemand Kritik üben darf. Ganz im Gegenteil. Kritikfähigkeit ist eine Charakterstärke. Nur nicht jede Kritik ist relevant für mein Handeln, Denken und Leben.

Verschiedenes hat mir geholfen: Zum einen, dass ich mit meinen Aufgaben gewachsen bin. Als »Jana glaubt« online ging, war das nicht das erste Mal, dass ich in der Öffentlichkeit stand. Es war auch nicht das erste Mal, dass mein Wirken so hart in der Kritik stand. Ich wurde nicht von heute auf morgen bekannt, sondern bis dahin hatte Gott mich schon einen Weg geführt. Ich durfte schrittweise lernen, mit Öffentlichkeit und Meinungen umzugehen, bevor die Herausforderung wirklich groß wurde. Wäre das »Jana glaubt«-Projekt meine erste Erfahrung gewesen, ich weiß nicht, wie lange ich das durchgehalten hätte. Aber Gott hat mich vorbereitet und standhaft gemacht.

Der zweite Aspekt waren Menschen, die mich lieben, die mich supporten und von denen ich weiß: Diese Menschen kennen mein Herz wirklich. Enorm wichtig war und ist für mich meine Familie, deren Unterstützung niemals infrage stand und die mich durch einiges durch geliebt und getragen haben. Aber es gab auch viele andere Menschen, die die Jana hinter diesem millimeterdicken Bildschirm kannten und liebten. Das waren zum Beispiel Henni und Chris, Leute, die mir gefühlt gegenübergewohnt haben, mit denen ich sehr viel Leben geteilt habe und die auch oft in meinen Vlogs zu sehen waren. Ein Freund sagte mir damals: »Hey Jana, das, was du gerade über dich liest, und das, was über dich geschrieben wird, das überrascht Gott nicht. All das bringt Gott nicht aus dem Konzept. Es ist nicht so, dass Gott nicht damit gerechnet hätte, dass all das kommen würde. Er wusste davon.« Es war wichtig und notwendig, Menschen um mich zu haben, die meinen Blick immer wieder fokussierten und die mir Wahrheiten zusprachen. Nichts davon war mir neu, aber es bestärkte mich. Und so könnte ich noch von vielen weiteren Menschen erzählen, die mich in dieser Zeit umgeben und die mich ermutigt haben, weiterzumachen.

Doch ich brauchte nicht nur ihren Rückhalt, sondern auch ihr ehrliches Feedback. Während dieser zwei Jahre habe ich gelernt, dass es sehr, sehr, sehr wichtig ist, Menschen zu haben, die dich liebevoll korrigieren dürfen, die mit Autorität in dein Leben sprechen dürfen. Leute, die dich kennen, die dich lieben und die wirklich das Beste für dich wollen.

Mir folgen Tausende Leute. Natürlich hat jeder Mensch das Recht, seine Meinung zu äußern, aber ich nehme mir nicht jede Meinung zu Herzen. Ich wollte definieren, welche Menschen nicht nur in mein Leben sprechen dürfen, sondern es auch sollen. Ich wusste, dass ich diesen Menschen dann auch das Recht und die Autorität einräumen musste, mir ein offenes und ehrliches Feedback zu geben. Wer nicht fähig ist, sich korrigieren zu lassen, und wer glaubt, dass er schon alles verstanden hat und sowieso besser weiß, der ist stolz. Und Stolz, wie eine Freundin von mir einmal sagte, Stolz ist hässlich. Mein Leben lang will ich fähig sein, mich korrigieren zu lassen von Menschen, die es gut mit mir meinen.

Ich würde jedem dringend raten, Gleiches zu tun: Schaffe dir ein Umfeld, das dich zum Guten prägen darf, das Licht in deinen dunklen Ecken anmachen darf, denn nur so und nur dann wird es hell. Lasse Menschen in dein Leben blicken, verstecke Laster nicht aus Scham und rebelliere nicht gegen jede Art von gutem Ratschlag. Es ist deine und meine freie Entscheidung und ich glaube, sie ist unendlich wichtig. Definiere deinen innersten Kreis aus Menschen und lebe Beziehung. Das durfte ich auch lernen.

Denn auf meinem Weg machte mir noch etwas anderes zu schaffen: die Einsamkeit. Was alle Leute gesehen haben, war die Jana, die Seminare gegeben hat, die Jana auf den Bühnen, die Jana, die ausgeleuchtet war. Was niemand gesehen hat, war die Jana, die sieben Stunden alleine mit dem Zug irgendwo hingefahren ist, die alleine wieder zurückgefahren ist, die alleine übernachtet hat, alleine gefrühstückt hat und generell alles alleine gemacht hat.

Ich erinnere mich an einen Auftritt in Karlsruhe im Jahr 2016, bei dem ich auf der Bühne meinen Text »Dein Kind« vorgetragen hatte. Das ganze Publikum hatte begeistert applaudiert. Da hinter der Bühne der gesamte Backstagebereich im Chaos versank, ging ich nach meinem Auftritt einmal um die komplette Menschenmasse herum, stellte mich ganz nach hinten und habe einfach angefangen zu weinen. Mein Auftritt war super, ich habe mich nicht versprochen, alles war gut. Aber ich hatte plötzlich diesen Gedanken: Wer bleibt, wenn das Bühnenlicht ausgeht, wer ist dann noch da?

Jahre meines Lebens habe ich mich von so vielen Menschen gesehen gefühlt, aber von niemandem erkannt. Es war kein Problem, mein Talent, mein Investment und meine Hingabe zu gebrauchen, aber niemand schien sich in Verantwortung zu sehen oder es als notwendig zu erachten, in mein Herz zu investieren. Ich hatte oft das Gefühl, dass es niemanden interessiert, wer Jana eigentlich ist, solange sie abliefert.

So hat etwas begonnen, was irgendwie ein Sichloslösen der einen Person von der anderen Person war. Ich musste mir bald schon nicht mehr die Frage beantworten, wer ich bin, weil mein Gegenüber es mir euphorisch gesagt hat, als ich ankam: Jana Highholder. Heute denke ich darüber nach und bemerke eine Wandlung: Ich komme aus einer Schulzeit, in der mir immer gesagt wurde: »Okay, du bist ein bisschen anders, irgendwie ein bisschen komisch.« Doch im Laufe der Zeit habe ich mich zu einer Persönlichkeit entwickelt, die anerkannt ist. Wenn ich heute in meine Heimat komme, sind da Leute, die mich noch von früher kennen und sagen: »Krass, was aus dir geworden ist.« Meine Außenwirkung hat sich gewandelt, ist gewachsen und aufgeblüht und auf einmal bin ich zwar immer noch für viele Menschen ziemlich komisch, aber für einige auch ein Vorbild, jemand, den man feiert. Meine Innenwelt ist auf dieser Reise nicht immer so schnell mitgekommen.

Während ich von Termin zu Termin, von Auftritt zu Auftritt reiste, habe ich mich wenig um meine Seele gesorgt. Es war mir nicht mal bewusst, wie wichtig das ist, denn es ist mir niemand Älteres vorausgegangen, der sich um mein inneres Wohlbefinden gesorgt oder gekümmert hat. Es war für jeden, inklusive mir, selbstverständlich, dass ich Montag bis Freitag studiere und am Freitagnachmittag mit dem Zug nach irgendwo fahre, das ganze Wochenende diene und am Sonntagabend völlig ausgelaugt wieder in Münster ankomme, weil am Montag früh die Uni startet. Seit meiner Teenagerzeit war ich nie als normaler Teilnehmer auf einem Event, sondern stand immer auf der Bühne und war immer die, die andere Menschen ermutigt hat.

Heute weiß ich, dass Körper, Geist und Seele eine Einheit bilden. Und wenn wir eines davon verkümmern lassen, dann verkümmert der ganze Mensch.

Es ist nicht okay, geistliche Floskeln des »Dienens« zu missbrauchen, um Menschen und Herzen zu verheizen. Echte Leiterschaft sieht die ganze Person mitsamt der Bedürftigkeit, die kein Ausdruck von Schwäche, sondern Echtheit ist. Gott hat es mir bitterlich beigebracht, stehen zu bleiben und mir selbst die Frage zu stellen, wie es mir geht. Gott musste mich wirklich ausbremsen und mir zeigen: »Hey Jana, unter allen Herzen, in die du investierst, geht es mir auch um dein eigenes Herz und ich will dir beibringen, dich lehren, was Beziehung heißt.«

Das war eine harte Lektion aus purer Liebe: Weil mein Herz ihm wichtig ist. Wie das passiert ist, dazu komme ich später noch einmal.

Ich durfte unterwegs von Gott lernen: Wenn du diesen herausfordernden Weg weitergehen willst, dann brauchst du Menschen, die mit dir gehen. Denn niemand ist dafür geschaffen, einsam durchs Leben zu gehen. Also habe ich etwas aufgebaut, was ich heute liebevoll *Prayer Squad* nenne, meine Gebetstruppe, bestehend aus Freunden und Familie. Das ist ein Kreis von Menschen, die um mich herumstehen und die sich mir im Herzen verbunden fühlen, auch wenn sie nicht physisch in meiner Nähe sind. Sie wissen, wann ich wo auf der Bühne stehe, wann ich wo bin, und beten davor und währenddessen konkret dafür.

Das empfehle ich auch dir an dieser Stelle erneut und dringend: Begib dich in ein Umfeld, das dich unterstützt. Am besten nicht erst dann, wenn du mitten in einer Krise oder vor einer Herausforderung steckst, sondern beginne direkt heute. Vielleicht gibt es in deiner Gemeinde ja bereits so etwas wie Hauskreise – dann such dir einen. Oder starte einen mit deinen Freunden. Fang an, eine Kultur zu etablieren, die von geteiltem Leben, geteilten Herzen, gemeinsamem Gebet, dem gegenseitigen Tragen und Anfeuern und von Anbetung geprägt ist.

Heute kann ich noch stehen, weil es Menschen gibt, die zu Hause vor ihren Bildschirmen auf den Knien den Weg für mich freibeten. Es gibt die Menschen, die auf der Bühne stehen, aber es gibt auch ganz viele Menschen im Hintergrund, deren Wirken entscheidend ist: Ich weiß, dass ich nur vorn stehen kann, weil ich Menschen um mich herum habe, die mich lieben und unterstützen. Das ist etwas, was ich schmerzhaft lernen musste.

Ich war ständig unterwegs, von einem Event zum nächsten, und ich habe es in all den Menschenmassen gar nicht geschafft, echte Herz-zu-Herz-Connections mit anderen Menschen aufzubauen. Je länger ich unterwegs war, desto mehr wurde mir bewusst, wie wichtig diese Verbundenheit ist. Verbundenheit ist eine Herzensbeziehung, ist ein Sich-nahbar-Machen, am Leben teilhaben lassen. Es geht darum, sein Herz zu öffnen, sich verletzlich zu zeigen und andere Menschen auch an seinen inneren Kämpfen teilhaben zu lassen, seine Masken abzulegen. Du darfst deinen Schmerz, deine Ängste, aber auch deine Träume mit anderen Menschen teilen. Das ist etwas, was ich ganz lange Zeit einfach nicht gemacht habe und wovon ich heute maßgeblich profitiere.

Zwar bin ich auch heute manchmal noch allein unterwegs, aber es hat sich etwas geändert: Damals war ich allein und einsam, heute mag ich zwar allein sein, aber nicht mehr einsam. Einsamkeit und Nicht-Einsamkeit hängen nicht von der physischen Anwesenheit anderer Menschen ab, sondern von einer Verbundenheit des Herzens. Wenn du dich im Herzen mit Menschen verbunden weißt, dann brauchst du sie gar nicht unbedingt permanent in deiner Nähe. Du weißt, dass sie da sind und dass sie für dich sind.

Darum möchte ich auch dich ermutigen: Suche dir einen engen Kreis von Leuten, die dich bestärken, aber auch herausfordern. Leute, die du an dein Herz heranlässt, mit denen du beten kannst und für die du Gleiches tust. Denn Gottes Pläne für unser Leben können wir nur gemeinsam Wirklichkeit werden lassen.

Zeit heilt keine Wunden

st das vielleicht mein zukünftiges Gegenüber?« Diese Frage habe ich mir eine Zeit lang ständig gestellt. Ich komme aus einer Familie, in der es ganz normal war und ist, jung zu heiraten. Daher habe ich lange gedacht: Mit Anfang zwanzig bin ich verheiratet, denn in meiner Familie wird und wurde das so gelebt.

Irgendwann war ich einfach nur noch genervt davon, dass ich ständig mit suchenden Augen unterwegs war. Es war immer wieder das Gleiche: Jemand war auf meinem Instagram Profil, hat ein paar Bilder geliked, dann war ich auf seinem Instagram Profil, hab ein paar Bilder geliked, und irgendwann hat mir derjenige eine private Nachricht geschickt. Früher oder später kam dann immer die Frage: »Wollen wir nicht über WhatsApp schreiben? Spricht doch nichts dagegen, ist doch einfach nur eine andere App.« Nur wenig später haben wir dann jedes Mal festgestellt: »Was ich von einer Beziehung erwarte, ist etwas ganz anderes als das, was du von einer Beziehung erwartest. Wir können es eigentlich auch sein lassen.« Ich war einfach müde davon. Ich bin überzeugt davon, dass Gott bei Beziehungen an Ehe denkt, und ich wusste, dass das Konzept von Beziehung ist, was ich leben möchte.

Als ich merkte, wie unfrei mich meine Sehnsucht machte, fasste ich einen Entschluss: Ich gehe ein Jahr lang auf keine Dates. Wenn ich Leuten davon erzählte, waren sie von meinem Vorhaben nicht gerade begeistert: »Hey, das ist doch verrückt. Es kann ja sein, dass du genau in diesem Jahr den Mann deines Lebens kennenlernst.« Doch das war für mich kein Argument. Punkt Nummer eins: Würde ich wirklich genau in diesem Jahr dem Mann meines Lebens begegnen, würde ich das schon merken. Ich musste mich ja nicht sklavisch an meinen Vorsatz halten. Und Punkt Nummer zwei: Wenn ich auch die Frau seines Lebens wäre, würde er sagen: »Cool, mach das, Jana, ich melde mich am ersten Januar des nächsten Jahres wieder.«

Tatsächlich wurde ich direkt Anfang Januar von einem Mann gefragt: »Möchtest du einen Kaffee mit mir trinken gehen?« Kurz zögerte ich, aber dann stand für mich fest: »Ich kann nicht nach einer Woche meinen Vorsatz über Bord schmeißen.« Also habe ich ihm ehrlich geantwortet: »Hey du, ich möchte ein Jahr ohne Dates machen. Das ist nichts gegen dich, sondern was für mich sozusagen. Aber wenn es dir noch in zwei Monaten wichtig ist, dann melde dich doch wieder.« Er hat sich nicht mehr gemeldet und ich dachte mir: »Mega, ich habe mir Zeit gespart, ich habe dir Zeit gespart, alle haben gewonnen. Wenn es für ihn so irrelevant war, mich besser kennenzulernen, dass es nicht zwei Monate Zeit hatte, dann ist es auch nicht wert, mehr reinzuinvestieren.« Als kurze Bemerkung am Rande: Vor wenigen Tagen habe ich nach mehreren

Jahren wieder eine Nachricht von ihm bekommen. Aber der Zug ist längst abgefahren.

Noch einen zweiten Entschluss fasste ich in diesem Jahr: Einmal in der Woche wollte ich mich mit Gott zu einem Date verabreden. Wir sagen immer: Jesus ist unser ständiger Begleiter und unser bester Freund. Darum dachte ich mir: »Cool, mit einem besten Freund würde ich ja auch Kaffee trinken und andere Aktivitäten machen. *Let's try.*« Also nahm ich mir vor: Donnerstagabends würde in Zukunft mein Date mit Gott im Terminkalender stehen. Ich würde mit ihm Kaffee trinken oder essen gehen, vielleicht auch mal zu Hause auf der Couch bleiben – was auch immer. Dieser Termin war in Zukunft für Gott reserviert.

Nun, so weit, so gut: Das erste Date mit Gott habe ich verpasst. Ich wachte am Freitagmorgen auf und dachte mir nur: Huch, gestern hätte ich ein Date mit Gott gehabt. Und ich habe ihn versetzt. Das zweite Date mit Gott vergaß ich zwar nicht, doch es lief trotzdem nicht viel besser: Ich saß da und dachte mir: »Ja, hey, hier bin ich. Und wo bist du, Gott?« Ich hatte mir vorgestellt, dass ich es lerne, allein in ein Café oder Restaurant zu gehen und mich dabei völlig wohlzufühlen, weil ich ja weiß, dass Gott immer bei mir ist. Aber wenn ich ehrlich bin, habe ich das während des gesamten Jahres nie so wirklich genossen. Die Dates blieben für mich lange Zeit monologisch. Irgendwie war es in Ordnung, wirklich okay. Aber stets fühlte ich: Zu zweit wäre es besser.

Trotzdem bereue ich diese Erfahrung in keinem Moment, denn die Entscheidung, meinen Fokus anders zu setzen, hat mich befreit und meinen Blick gelöst. Ich habe aufgehört zu suchen und bin langsam im Bewusstsein angekommen, dass ich längst gefunden bin. Ich als Jana und als Frau wurde in dieser Zeit in meiner Identität gestärkt. Mein Gebet war, dass Gott mir ein Herz schenkt, das kein Gegenüber braucht, um ganz zu sein. Ich wollte so fest und sicher in ihm gegründet sein, dass ich auch allein mutige Schritte gehen kann. Und das habe ich bis hierhin getan. Trotzdem sollte ich noch einen Umweg gehen:

Mein Jahr ohne Dates war vorbei und es kam, wie es kommen sollte: Ich lernte einen Mann kennen, der mich begeisterte und faszinierte, den ich inspirierend fand, der mich angezogen hat und in den ich mich verliebt habe. Er war meine erste Liebe. Ich kam mit diesem Mann zusammen und habe viel in unsere Beziehung investiert, weil ich in ihr Potenzial und Zukunft gesehen habe. Ich habe immer schon gesagt, dass ich meinen ersten Freund nicht unbedingt heiraten muss, aber wenn Ehe nicht ein Zwischenziel ist – wofür dann die Beziehung? Ich bin in die Beziehung gegangen mit einer weiten Perspektive und der Bereitschaft eines langen Atems. Etwas anderes kam für mich nicht infrage.

Meine Eltern haben schon sehr früh geheiratet und immer zueinandergehalten. Für viele Menschen ist es heute schwer vorstellbar, ein ganzes Leben lang mit ein und derselben Person Sex zu haben und verheiratet zu sein. Ich persönlich glaube jedoch, dass Gottes Herz für Beziehungen voller tiefer, lebenslanger Verbundenheit, Vertrauen und Sicherheit schlägt. Unser Gott ist ein Gott des Bundes, und die Ehe ist ein Bund. Sie bezeugt eine Entscheidung, den anderen höher zu achten als sich selbst, zu lieben und zu ehren – ein Leben lang.

Scheidung ist in meiner Familie zum Beispiel keine Option. Und das nicht, weil alles immer unproblematisch ist, sondern weil eine Entscheidung getroffen ist oder getroffen wurde. Ich habe einmal dieses Bild verwendet: Wenn die Ehe ein Kartenspiel ist, ist Scheidung keine Karte in dem Deck. Du brauchst keine Angst davor zu haben, dass sie gespielt wird, weil niemand sie auf der Hand hat. Sie kommt in unserem Deck nicht vor, wir spielen nach anderen Regeln und Prinzipien. Wenn es zu einer Krise kommt, schauen wir: Wie können wir es zusammen schaffen? Wie können wir es möglich machen, dass unsere Beziehung wieder funktioniert? Wie können wir sie wieder reparieren? Wie können wir auch gemeinsam durchhalten und wie können wir aneinander, miteinander arbeiten, damit es weitergeht?

Natürlich gibt es auch hier Grenzen. Es gibt Menschen, die in ihrer Ehe Opfer von körperlicher und seelischer Gewalt werden, und leider kommt das sogar unter Christen vor. Für diese Menschen muss es einen Ausweg aus dem Leid geben, das steht außer Frage. Doch das sind nicht die Ehen, von denen ich hier spreche.

Ich hatte mir gewünscht, dass es so werden würde wie bei meinen Eltern. Ihre Ehe war und ist mir ein Vorbild. Ich wollte eine Beziehung nach Gottes Vorstellungen von Liebe und Sexualität führen und Gott in jedem Schritt treu sein.

Sechs Jahre nach meinem Auslandsaufenthalt flog ich wieder nach Kalifornien, zurück an den Ort, an dem 2013 mein Traum vom Highschool-Jahr geplatzt war. Über die Jahre war ich mit einer Familie in Kontakt geblieben. Grace und ihr Mann hatten mich schon in Deutschland besucht und nun war ich in die USA geflogen, um sie zu besuchen. In dieser Zeit wurde mir bewusst: Irgendwas an unserer Beziehung stimmt nicht. Ich hatte kaum noch Kontakt zu meinem Freund und hatte den Eindruck, nicht mehr mit jemandem zu reden, der mich zu lieben schien oder dem es wert ist, Zeit in unsere Beziehung zu investieren. Und an demselben Ort, umgeben von denselben Personen wie vor sechs Jahren, passierte es: Auf einmal sagte die gleiche Dunkelheit Hallo. Es gab jedoch einen entscheidenden Unterschied: Diesmal kannte ich diese Dunkelheit. Sie war mir nicht fremd und sie hat mich nicht ganz so erschlagen. Es war ein bisschen, als wollte sie mich noch mal herausfordern.

In der letzten Nacht vor meinem Rückflug nach Deutschland saß ich auf dem Bett und betete. Eine halbe Stunde lang, vielleicht waren es auch ein oder zwei, flehte ich Gott an: »Vater, du kennst mich und du siehst mich. Du hörst den Schrei meines Herzens. Wenn ich einen Wunsch freihabe, dann will ich mit diesem Mann zusammenbleiben. Wenn ich einen Wunsch freihabe, dann lass es weitergehen.« Irgendwann wurde ich ruhig, ich hatte keine Kraft mehr und ich wusste: »Okay, Gott hat mich gehört, er hat mich verstanden.«

Schließlich sagte ich: »Aber nicht mein Wille, sondern dein Wille geschehe, Gott.« Diese Worte hat Jesus gebetet, als er im Garten Getsemani war und seinen Willen dem Willen des Vaters untergeordnet hat, weil er wusste, dass der Vater einen guten Plan hat. Natürlich will ich mir nicht anmaßen zu behaupten, dass meine Situation die gleiche Wertigkeit oder Dramatik hatte. Doch das war mein Moment und meine Entscheidung, meinen Willen unter den Willen Gottes zu ordnen. Für

mich war die Situation akut und der Schmerz real. Ich entschied mich, Gott alles hinzulegen und zu glauben, dass er
weiß, was er tut. Jesus im Garten Getsemani wollte nicht sterben. Er wollte nicht ans Kreuz geschlagen werden, er hat Gott
sogar angefleht: »Kann dieser Kelch an mir vorbeiziehen?« Im
Letzten hat er aber seinen Willen unter den Willen des Vaters
geordnet. Warum? Weil er wusste, dass Gottes Plan besser ist.
Und so saß auch ich in meiner letzten Nacht in Kalifornien auf
diesem Bett und habe gesagt: »Hey, das ist mein Wunsch, aber
dein Wille geschehe, nicht mein Wille.«

Kurz nach meiner Rückkehr aus den USA war unsere Beziehung vorbei. Die Trennung fühlte sich nach dem bisher größten Scheitern und Schmerz meines Lebens an. Dabei weiß ich
heute, dass nicht die Trennung mich verletzt hat, sondern die
Beziehung selbst. Und wie damals, als mein Traum von einem
Auslandsjahr in Kalifornien geplatzt war, spürte ich auch jetzt
wieder eine tiefe Dunkelheit aufziehen. Doch ich hatte erfahren, dass es ein Danach gibt und dass es auch in dieser Zeit
Schätze zu finden gibt. Gott würde mich nicht allein lassen.
Er würde mir begegnen und mein Herz würde sich in dieser
Zeit verändern. Das konnte ich nicht sehen und erst recht nicht
fühlen, aber ich konnte daran festhalten. Wieder entschied ich
mich zu sagen: »Ja, jetzt erst recht.«

Meine eigene Erfahrung hat mir nicht das Gegenteil bewiesen, hat mich nicht »auf den Boden der Tatsachen« geholt.
Mein Bild von einer tiefen, echten Beziehung ist für mich auch
nach dieser Erfahrung kein unrealistisches Ideal. Ich glaube
nicht, dass alle Beziehungen früher oder später zum Scheitern
verurteilt sind, weil nichts in dieser Welt von langer Dauer ist.

Das ist kein Prinzip des Königreichs, an dem ich heute schon Anteil habe: Es gibt Agape und es gibt göttliche Liebe. Und weil er uns mit dieser Liebe liebt, sind wir fähig, Menschen zu lieben.

In der ersten Nacht nach der Trennung begann ich, einen Text zu schreiben, den ich anders als alle meine sonstigen Texte nicht »aus einem Guss«, sondern Zeile für Zeile und Nacht für Nacht geschrieben habe und in dessen erster Strophe sich schon das Licht finden lässt, von dem ich stets wusste, dass es da ist. Damals schrieb ich: »Wenn man heute noch Psalmen schreiben würde, wäre das hier gerade meiner:«

Psalm 151

»Nicht für immer« – tut das weh.
Nein, nicht für immer tut das weh,
alles so perfekt im Hier und Jetzt
Und die Furcht, die große Lüge,
macht sich klein, hat sich versteckt.
Wolkengrau bedeckt den Himmel,
Sonne unsichtbar, doch sicher da,
und an einem neuen Morgen
wird der Himmel wieder klar.

Starke Arme umgeben mich
und wenn Er spricht «Ich liebe dich«,
ist das der Moment, in dem die Angst zerbricht.
Und egal, wie stark ich scheine,
ich kann das nicht alleine,
ich bin Mensch und ich bin schwach.

Hab den ersten Menschen als Fremden kommen,
zum Geliebten werden
und wie begonnen wieder gehen sehen.

Ich frag mich, was du machst,
ob ich alleine weine und du schon wieder lachst.
Ich will nur, dass du weißt,
dass gerade alles in mir drin zerreißt.
Und vielleicht finde ich Schönheit genau dort,
hier an diesem Ort, an dem ich stehe,
ein Kartenhaus in sich zusammenfallen sehe,
und ich tue es ihm gleich.

Als du gegangen bist,
habe ich zum ersten Mal verstanden,
was es meint, wenn man sagt:
Die Seele weint, sie ächzt und stöhnt,
Pupillen weit an die Dunkelheit gewöhnt.
Atme ein, atme auf und ich lauf und ich lauf
Augen zu, ich seh nicht, merke nicht,
jeder Schritt geht die Treppenstufe rauf.

Wenn das der Tiefpunkt ist,
wenn du am Tiefpunkt bist,
kein Kompass, du das alles vergisst,
gibt es nur noch eine Richtung –
aufwärts, nur nach oben,
das hier ist kein freier Fall.

Gottes Hand ist doppelter Boden.

Überrannt von einer ungeahnten Wucht, unfähig
  wegzulaufen,
keine Flucht, nur Fallen,
in die Hand, die mich hält,
in den Kuss, der meine Stirn berührt
und der mir sagt, dass ich zu Ihm gehöre.

Wage ich wirklich zu glauben,
meine Umstände
könnten Dir die Kontrolle rauben?
Dir, der nur ein Wort spricht:

Licht.
Und es geschieht, das Dunkel flieht.

Meine Würde,
tief gegründet in dem Erschaffer meines Seins,
der mir sie wiedergeben will,
noch zitternd vom Aufprall,
hier werde ich still.
Ich hab was liegen lassen auf dem Weg,
was mich maßgeblich definiert,
wollte hinter Dir her und hab mich verirrt.

Ich will mich finden lassen,
werde Dich suchen, Herr.

Doch ich weiß gerade nicht wo
und ich versteh nicht wieso.
Ich seh nicht, was Du siehst,
und glaub nur, was Du sagst.
Immer wieder «Ja«,
wenn Du mich nach meinem Vertrauen fragst.

Bin
in der Stille beharrlich,
im Sturm gewiss,
dass Du es bist.

Dein Lob schmückt meine Lippen,
lass mich tanzen so wie David da vor Deinem Thron,
Vater, Geist und Sohn,
lobpreisende Herzen, in denen sie wohn',
mit jedem Satz, den ich spreche, der Deinen Namen hebt,
schenkst Du mir Deinen Geist, der mich wieder neu belebt,
hebst mich mit Dir auf in meinem Lob,
das Dir allein gebührt,
meine Angst wird still,
weil sie Deine Liebe spürt.
Spül die Wunden frei,
hast mich dort berührt,
wo Schmerz am tiefsten
und Du auf meine Wunden triffst.

Menschen sagen,
um die wahre Liebe muss man kämpfen.
Doch dieser Lüge glaube ich nicht,
weil die Wahrheit mir verspricht,
dass der Kampf gewonnen
und der Sieg schon unser ist.

Wahre Liebe tut nicht weh,
sie heilt,
verändert und verweilt.

Verletzte Menschen verletzen Menschen.
Das ist ein Kreis, der sich beweist,
ein Hamsterrad, das jene jagt,
die sich hingegeben treiben lassen,
anstatt Mut zu fassen, anzuhalten, auszusteigen,
Gott die Wunden vorzuzeigen.

Es ist nicht die Zeit, die heilt.
Zeit heilt keine Wunden.
Wie können wir das wirklich meinen.
Zeit lässt dich vergessen
und Zeit relativiert,
weil die Erinnerung an
Farbe, Echtheit und Gefühl
verliert,
wie Heute wirklich ist,
fühlt sich aus der Ferne anders an.

Es gibt so viele Menschen,
die Zeit vergehen,
doch sich niemals heilen lassen.
Die Chance verpassen, zu zerbrechen,
um dann neu zu werden.

Es gibt ihn, den Himmel auf Erden.

Doch die Asche und der Staub
sehen gerade nicht danach aus,
und du kannst Gott nicht glauben,
dass er es gut meint,
denn das war es nicht,
und was er uns versprochen hat,
das sahst du nicht.
Du machst die Augen zu,
und so entsteht ein blinder Fleck,
ein dunkler Platz,
Licht aus, verriegelt die Tür,
hinter dieser ein Schatz.

Was heilt uns, wenn nicht die Zeit?
Was nimmt uns unser Leid und gibt uns Freude wieder?

Liebe
und Loblieder.

Dein Lob schmückt meine Lippen,
lass mich tanzen so wie David da vor Deinem Thron,
Vater, Geist und Sohn,
lobpreisende Herzen, in denen sie wohn',
mit jedem Satz, den ich spreche, der Deinen Namen hebt,
schenkst Du mir Deinen Geist, der mich wieder neu belebt,
hebst mich mit Dir auf in meinem Lob,
das Dir allein gebührt,
meine Angst wird still,
weil sie Deine Liebe spürt.
Spül die Wunden frei,
hast mich dort berührt,
wo Schmerz am tiefsten
und Du auf meine Wunden triffst.

Eine zitternde Hand, die auf Jesus weist,
ist mächtiger als eine sichere, die auf sich selber zeigt.

Gott erinnerte mich immer wieder daran, dass er mich nicht vergessen hatte. Bevor ich zum zweiten Mal nach Kalifornien geflogen war, hatte ich eine Postkarte bekommen. Lucie, mit der ich damals die Highschool besucht hatte, hatte mir nach über sechs Jahren Funkstille geschrieben. Sie hatte sich einfach nach mir ausgestreckt. Als ich ihre Karte bekam, berührte sie mich ehrlich gesagt nicht besonders und ich schenkte ihrem Gruß kaum weitere Beachtung. Doch Lucie ließ nicht locker. Nach meiner Rückkehr bekam ich noch einmal Post von ihr. In einem Brief schrieb sie mir: »Hey Jana, ich möchte mich bedanken für das, was du vor sechs Jahren in meinem Leben bewirkt hast. Du bist mir vorausgegangen, du warst mir so ein Zeugnis. Du hast mir gezeigt, dass es auf dieser Welt mehr zu sehen und zu erleben gibt und dass es an mehr zu glauben gilt, als diese Welt auf den ersten Blick zu bieten hat.« Sie schrieb mir, wie dankbar sie sei, dass ich in diesen zwei Monaten für sie da war und sie begleitet hatte. Sechs Jahre hat es gedauert und ich hatte nicht einmal mehr damit gerechnet. Ich wusste ja, dass Gott alles gefügt und zum Guten genutzt hat, aber es schien mir, als sei es ihm besonders wichtig, mich mitten in meiner Situation liebevoll daran zu erinnern, dass er wirklich die Kontrolle hat.

Gott hatte mich genau so lange in den USA gelassen, wie er mich dort gebraucht hatte. Ich dachte zurück an meine Taufe, bei der ich gesagt hatte: »Hey, mein Leben liegt in deinen Händen, benutz mich, mach was draus.« Gott hatte mich beim Wort genommen und ich durfte erkennen, dass mein Glück nicht immer seine Priorität ist. Ich durfte einen Fußabdruck in Lucies Leben hinterlassen, der sie nachhaltig prägte. Lucie ist heute eine Frau, die wirklich *on fire* ist für Jesus. Sie ist ein Mensch, der begeistert und der in ihrer Gemeinde und in ihrer Ortschaft viel bewegt. Damals durfte ich Segen an sie weitergegeben und heute gibt Lucie diesen Segen weiter. Auf diese Weise multipliziert sich der Segen. Wenn ich heute zurückblicke, kann ich sehen, dass es das wert war.

Doch Lucies Brief ging noch weiter: »Es tut mir so leid, dass ich damals nicht für dich da gewesen bin. Ich weiß nicht, was gerade bei dir abgeht, aber ich will dir sagen: Diesmal bin ich da.« Lucie konnte nicht wissen, was gerade in meinem Leben los war. Wir hatten seit sechs Jahren keinen Kontakt mehr gehabt. Es war, als ob mir Gott einen Notizzettel geschrieben hätte, ein kleines »Hey, du bist mir nicht aus dem Blickfeld geraten, ich habe dich nicht vergessen«. Gott hätte das nicht tun müssen, aber es war ein kleiner, liebevoller Hinweis: »Jana, ich bin immer noch da und ich bin immer noch der Gleiche. Du kennst mich.« Gott hatte alles in der Hand. Der Gott, der schon damals in Kalifornien die Ereignisse perfekt überblickt hatte, hatte auch jetzt den Durchblick. Auch wenn ich nicht verstand, wie es jetzt weitergehen würde, hatte er mir eine Erinnerung geschickt, um zu sagen: »Jana, das ist nur ein kleiner Einblick. Es ist ein kleiner Einblick, um dir zu zeigen, was ich vorhabe.« Ich konnte daran glauben, dass auch mit dieser Zeit und mit dieser Situation Gott wieder etwas Großes vorhatte.

Im Rückblick kann ich sagen, dass Gott mich mit diesem Kapitel meines Lebens mehr Lektionen gelehrt hat, als mit so vielen anderen Zeiten zuvor, die enorm gut liefen:

LOBPREIS: Ich habe gelernt, im Tal zu loben. Gott bleibt immer derselbe, egal ob wir durch Täler gehen oder auf Berggipfeln stehen. Seine Güte und sein Charakter wandeln sich nicht – erst recht nicht durch unsere Umstände. Er kann sich selbst nicht untreu werden. Ich habe nie so kraftvollen Lobpreis erlebt wie in den Zeiten, in denen mir Tränen über die Wangen gerollt sind, während ich gesungen habe: »Du bist gut und du bist genug.« Was ich zudem gelernt habe, ist, dass es beim Lobpreis nicht um Lieder geht. Sondern um ein Herz, das Gott sucht und sich nach ihm sehnt – auch wenn der Mensch keine Worte mehr hat. Mein Herz hat gesucht und hat sich gesehnt. Und Gott ist treu geblieben. Glaube ist kein Gefühl, sondern eine Entscheidung. Genauso wie Liebe. Meine Entscheidung ist gefallen. Und meiner Entscheidung ist Segen gefolgt.

HEILUNG: Ich durfte erfahren, dass Heilung ein Prozess ist. Wir sagen immer: »Zeit heilt alle Wunden«, aber daran glaube ich nicht, erst recht nicht als Medizinerin. Denn eine Wunde benötigt nicht nur Zeit, um zu heilen. Wenn eine Patientin nach einem Sturz mit einer offenen, dreckigen Wunde zu mir in die Notaufnahme kommt, schicke ich sie nicht einfach wieder nach Hause und sage: »Zeit heilt alle Wunden, kommen Sie in zwei Wochen noch einmal wieder.« Wenn die Wunde nicht gereinigt wird, kann sie sich entzünden und auf den ganzen Körper ausbreiten. Ein lokales Problem wird dann systemisch: Das ganze Blut kann sich vergiften. Deshalb werde ich als Ärztin die Wunde sofort behandeln. Ich werde die Wunde zunächst freispülen und sorgfältig den Dreck entfernen. Das ist schmerzhaft, sehr sogar. Aber erst dann kann die Wunde heilen – mit der Zeit.

Häufig sagen wir: Geht es nicht auch, ohne dass ich leide und dass es mich so viel kostet? Und ich glaube nicht. Menschen neigen zum Stolz und zum Übermut. Jesus ist uns in allem vorausgegangen und selbst er musste durch tiefsten Zerbruch. Er musste sterben, um den Tod zu überwinden. Das ist das Schöne an der Auferstehungsgeschichte. Auf Karfreitag folgt Ostern. Jesus blieb nicht im Tod, er blieb nicht im Leid, er blieb nicht in der Verzweiflung, sondern er geht darüber hinaus und überwindet den Tod.

VERGEBUNG: Wer sich nie um die Wurzeln der Verletzungen kümmert und stets darüber hinweggeht, läuft Gefahr, bitter zu werden. Verbittert zu sein. Und Verbitterung ist nicht anders als Unvergebenheit. Ich bin ehrlich: Mir ist das Vergeben schwergefallen – und das, obwohl ich weiß, dass mir selbst nur aus Gnade vergeben ist. Vergebung ist die Kraft des Kreuzes. Dennoch brauchte meine Seele Zeit. Echte Vergebung geht tiefer als Worte und führt wirklich in Freiheit. Ich wollte frei sein. Das war mein tägliches Gebet. Und ich wurde frei – aber es dauerte. Gott hat mir bitterlich beigebracht, dass Vergebung einen hohen Preis hat und dass Jesus ihn am Kreuz schon bezahlt hat.

WAHRHEIT: Am meisten zu kämpfen hatte ich mit den Lügen, die ich einfach angenommen und über mich geglaubt habe. Ich habe geglaubt, dass ich nicht liebenswürdig und nicht genug sei, dass ich es nicht wert sei, dass jemand in mich investiert und sich für mich entscheidet. Ich konnte plötzlich nicht mehr daran glauben, dass Gottes liebevoller Blick auf mir liegt. Aber: Zu jeder Lüge gibt es eine Wahrheit. Gott hat gute Gedanken über mich – und über dich. Viele davon. Mehr, als ich fassen kann. Dieser Wahrheit wieder Glauben zu schenken und sie tief im Herzen zu verankern, war der schwierigste Weg.

Doch entscheidend ist: Ich bin die Tochter des höchsten Königs. Was wir über uns selbst glauben, definiert die Beziehung, von der wir denken, dass wir sie verdienen. Wer sich für minderwertig und nicht liebenswürdig hält, kann dazu tendieren, sich jeder Form von Zuneigung hinzugeben – auch wenn sie keine Liebe ist. Daher eine Erinnerung an die Wahrheit: Du bist wertvoll. So wertvoll, dass Gott seinen Sohn für dich hergab. Selbst wenn du der einzige Mensch auf diesem Planeten gewesen wärst: Du wärst es Jesus wert gewesen, ans Kreuz zu gehen. So wertvoll bist du.

DEMUT: Mehr als alles andere hat Gott mir beigebracht zu knien.

Ich erinnere mich noch, wie ich nach Hause zu meinen Eltern gefahren bin, meinem Papa in die Arme fiel und er mich zu trösten versuchte: »Komm schon, Jana, es ist nicht so schlimm, das Leben geht weiter.« In diesem Augenblick bin ich in den Armen meines Papas zusammengeklappt. Das war der Moment, in dem dieses Vaterherz verstanden hat, dass das Herz seiner Tochter weint. Und wenn schon mein irdischer Vater mit mir weinte, wie sehr musste es erst Gott tun? Danach habe ich mich die Treppe hochgeschleppt, bin in mein Kinderzimmer gegangen und einfach vor meiner Bettkante auf die Knie gefallen, weil ich keine Kraft mehr hatte zu stehen. Meine Mama ist zu mir gekommen, ist neben mir auf die Knie gefallen und hat mit mir geweint. Noch lange verstand ich vieles einfach nicht und hatte so viele Fragen, so vieles auf dem Herzen.

Einmal war ich spazieren und sagte: »Gott, ich hätte diesem Menschen die Welt zu Füßen gelegt.« Da hörte ich Gottes Antwort deutlich: »Jana, das ist wunderbar und ehrenwert, aber würdest du deine Welt auch vor meine Füße legen?« Ich musste stehen bleiben. Wie bitte? Damit hatte Gott mitten in mein Herzen gesprochen. »Ja, das will ich. Ich will meine Welt vor Deine Füße legen – jeden Tag.« Gott hat mich beim Wort genommen und er hat mir beigebracht zu knien. – Das erste Mal auf die Knie gegangen bin ich, weil ich nicht mehr stehen konnte. Doch dann begriff ich, dass ich knien darf, nicht erst dann, wenn und weil ich keine Kraft mehr hatte zu stehen, sondern, um stehen zu können.

Heute beende ich jeden meiner Tage vor meiner Bettkante auf den Knien. Ich nehme diese Haltung ein, um mich daran zu erinnern, wer Gott ist und wer ich bin. Es drückt für mich meine tägliche Entscheidung aus, ihm nachzufolgen, seinem Wesen nachzueifern und seinen Willen zu tun. Auch wenn ich auf der Bühne stehe, im Geist will ich knien.

Ich glaube, dass die Bereiche in unserem Leben, in denen wir unsere größten Kämpfe haben, jene sein werden, in denen wir später das größte Zeugnis geben können. Weil wir davon erzählen können, wie die Dunkelheit erhellt wurde, wie Gott seine Treue und Güte bewiesen hat und wie er uns wirklich alles zum Besten hat dienen lassen. Dafür müssen wir jedoch zulassen, dass Gott unsere Wunden versorgt und sie reinigt, und verstehen, dass das wehtun kann. In der Bibel verspricht uns Gott: »Ich bin der Herr, dein Arzt.« (2. Mose 15,26) Ich habe erlebt, dass das auch für die Wunden meines Herzens gilt.

Gott könnte unseren Schmerz sofort betäuben. Doch die Frage ist: Ist es wirklich das, was unser Herz braucht, um zu heilen? Ich glaube, »*pain has a purpose*«, der Schmerz hat einen Sinn, und kann wirklich zur Charakterschule werden. Ich habe gelernt, dass ich meinen Charakter nicht vom Rampenlicht der Bühne prägen lassen möchte, sondern von dem Backstagebereich meines Lebens. »Was nützt es einem Menschen, wenn er die ganze Welt gewinnt, aber Schaden nimmt an seiner Seele?« (Mk 8,36, LUT)

Ich wusste, dass Gott sich Zeit nehmen wollte, um mit mir gemeinsam tief in mein Herz zu blicken. Das geht nicht nebenbei und nicht mal eben so. Um wirklich tief zu graben, aufzurütteln und ein ganz neues Fundament zu bauen, brauchte er meine volle Aufmerksamkeit. Und stoppte für eine kurze Zeit meinen gesamten Alltag. Im Rückblick weiß ich, dass das pure Gnade war.

Siebenundvierzig Tage

Ende Februar 2020 war ich auf eine Konferenz eingeladen. Einen Tag zuvor hatte ich meine letzte Famulatur, einen praktischen Teil im Medizinstudium, beendet und die Zeit danach war schon komplett verplant. Mein Terminkalender platzte. Ich wusste, wann ich um wie viel Uhr den Flug nach wo nehmen werde, um rechtzeitig zum nächsten Event da zu sein. Mittendrin hatte ich sogar fünf Tage Urlaub eingeplant – alles war genau getimed. In meinem Alltag war ich eigentlich immer beschäftigt und die »Ruhe Gottes« mir bis dahin eher fremd. Aber Gott lässt sich nicht lumpen und stellte sich mir in den kommenden Wochen und Monaten ganz neu vor.

Auf dieser Konferenz infizierte ich mich als einer der ersten Menschen in Deutschland mit dem Coronavirus und sollte vierzehn Tage in Schutzquarantäne. Schon das fand ich enorm blöd, denn zu diesem Zeitpunkt fanden Veranstaltungen noch statt und ich musste den Organisatoren absagen. Also plante ich alles um auf den Tag Nummer 15.

Doch mein Test blieb von Mal zu Mal einfach positiv und kein Mensch konnte mir sagen, wie lange das noch so weitergehen würde. Ich war wütend, verzweifelt, enttäuscht und hilflos. Mit jedem weiteren positiven Test kamen weitere 14 Tage in Quarantäne hinzu. Am Ende sollten aus ursprünglich geplanten zwei Wochen 47 Tage Quarantäne werden. Eine Zeit, so lang wie die Zeit von Aschermittwoch bis Ostern. Ich weinte und klagte – und das durfte ich auch. Gott hält das aus. Aber wie so oft blieb eines wahr: Je schneller ich meine eigenen Pläne losließ, desto eher konnte Gott mit mir weitermachen. Ich musste meine Situation annehmen und in ihr ankommen, damit ich meinen Blick heben, auf Gott richten und ihn fragen konnte:

»Herr, was willst du mir sagen? Ich habe Zeit, ich höre zu.«

Es gibt ein Sprichwort, das sagt: »Wen der Teufel nicht stoppen kann, den treibt er an.« Darin kann ich mich gut wiederfinden. Jahre meines Lebens habe ich keinen Sabbat gemacht, das heißt, ich habe mir keinen Tag Ruhe gegönnt. Montag bis Freitag war ich in der Uni und Freitag bis Sonntag unterwegs – im Auftrag des Herrn. Ich hatte die arrogante, aber auch von Auslastung geprägte Haltung zu sagen: »Es ist ja wunderbar, wenn ihr in eurem Leben Zeit für einen Tag Pause habt, aber ich habe das nicht.«

Im Rückblick erscheint es mir, als hätte Gott in diesem Frühjahr für mich den »Pausenknopf« gedrückt. Liebevoll, aber sehr deutlich korrigierte Gott mich: Wenn der Erschaffer der Zeit Zeit hatte, einen Tag zu ruhen, wie viel mehr dann ich.

Ich glaube, dass die Bibel Gottes Wort und wahr ist. Im Hebräerbrief heißt es: Gott will uns Ruhe schenken. Es gibt eine

Ruhe Gottes und ich bin eingeladen, in dieser Ruhe anzukommen. Beides – Resignation und Übereifer – entfernen uns von dem Ort, zu dem wir eingeladen sind: der Gegenwart Gottes. Und in dieser Gegenwart darf ich einfach sein.

Einfach sein – damit konnte ich lange nichts anfangen. Es klang für mich so pathetisch, dass ich bei diesen Worten jedes Mal mit den Augen rollte. Bis mir der Gedanke kam: Sie regen mich auf, weil mir das so schwerfällt. Die Stille konfrontiert uns mit dem, was eigentlich in uns ist. Doch wir sind lieber ruhelos, ständig unterwegs, stets am Smartphone, permanent erreichbar, immer auf dem Sprung, keine Minute mit unseren Gedanken allein.

Ich glaube, dieses Anhalten der Welt ist auch eine geschenkte Gelegenheit anzukommen. Und sie fordert dazu auf, relevante Fragen neu oder erstmalig zu beantworten: Wie kann ich meine Gottesbeziehung leben, wenn ich am Sonntag nicht den Gottesdienst besuchen kann? Wie lebe ich Gemeinschaft in Zeiten von physischer Distanz? Und welche Botschaft geben wir Christen jetzt in der Öffentlichkeit weiter? Was ist eigentlich wirklich wichtig? Das sind existenzielle Fragen und die Umstände zwingen uns, sie vielleicht erstmalig mit Taten zu beantworten anstatt nur mit Worten.

Meine Quarantänezeit fiel genau in die Fastenzeit. Ich könnte sagen: In dieser Fastenzeit habe ich darauf verzichtet, meine vier Wände zu verlassen. Aber wenn die Umstände einen dazu zwingen, ist das keine große Leistung. Genauso könnte jemand mit Nussallergie stolz behaupten, er habe auf Nutella verzichtet. Lange habe ich darüber nachgedacht, worauf ich in dieser Fastenzeit verzichtet haben könnte, wenn nicht auf das

Rausgehen. Schließlich wurde mir bewusst: Ich habe aufgehört, Gott aufzufordern, sich vor mir zu rechtfertigen und ihm immer wieder meine »Warum?«-Fragen entgegenzuschmettern.

Mein Producer stellte mir einmal die Frage: »Jana, wenn du vor Gott stündest und hättest eine Frage frei, was würdest du fragen?« Ich habe lange darüber nachgedacht und nicht sofort eine Antwort gefunden. Denn all meine Warum-Fragen werden in dem Moment, in dem ich vor Gott stehe, nicht mehr relevant sein. Hätte ich wirklich nur eine Frage frei, dann wäre sie verschwendet auf das »Warum«, von dem Gott mir verspricht, dass er die Antwort kennt. Das Höchste der Gefühle würde sein, dass Gott mir sein Warum erklärt und ich sage: »Ah, okay, cool, du hattest ja wirklich einen Plan.« Aber das ist genau dieser Teil, der Vertrauen ausmacht. Gott verspricht uns: »Du darfst mir glauben, dass ich den größeren Zweck dahinter kenne und dass mein Versprechen aus Jeremia 29,11 wahr bleibt: ›Denn ich weiß genau, welche Pläne ich für euch gefasst habe‹, spricht der Herr. ›Mein Plan ist, euch Heil zu geben und kein Leid. Ich gebe euch Zukunft und Hoffnung.‹« (NLB) Nein, dachte ich, an dem Tag, an dem ich vor Gott stehe, werde ich auf die Knie fallen, vor Ehrfurcht verstummen und meinen Gott loben. Dann werde ich keine Fragen mehr an ihn haben – dachte ich.

Doch während meiner Quarantänezeit musste ich erneut über die damalige Frage meines Producers nachdenken. Schließlich wusste ich, welche Frage ich Gott stellen würde. Sie offenbarte einen wunden Punkt in meinem Herzen, einen, der ziemlich tief vergraben war, sodass es Monate dauerte, bis ich diese simplen Worte formulieren konnte. Würde ich Gott gegenüberstehen und hätte eine Frage frei, ich würde ihn fragen:

»Liebst du mich?«

Wir sind uns als Christen einig, es erscheint uns ganz klar, darauf baut unser Glaube auf: Gott liebt uns. Aber hat Gott mir persönlich jemals gesagt, dass er ganz konkret mich liebt? Ich verstehe das und ich lese es in all den biblischen Geschichten: Wir haben einen liebenden Vater und wir sind seine Kinder. Aber wenn ich ganz ehrlich bin, dann konnte ich lange Zeit nichts damit anfangen, »Kind« zu sein. Gott hatte einiges aufzuarbeiten. Und er begann, mir meine Frage zu beantworten. So erlebte ich, dass sich mit jeder neuen positiven Testung mein Herz veränderte.

Ganz besonders verändert wurde mein Blick auf und für Beziehungen. Kurz bevor mich das Coronavirus erwischte, hatte ich eine Sprachnachricht an eine Freundin geschickt und gesagt: »Ich sage immer, die Priorität meines Lebens sind Beziehungen, aber ich scheitere so massiv daran, in Beziehungen zu leben.« Ich hatte das Gefühl, als ob ich einfach komplett versagte. Ich war immer unterwegs und blieb nirgends lange. Wie sollte ich da Beziehungen aufbauen? Ich war bemüht, überall und stets mein ganzes Herz zu investieren, aber ich hatte einfach keine Zeit, keine Kraft und keine Ressourcen mehr, um in Freundschaften zu leben – ich war emotional ausgelaugt. Mein Bestes schien nicht genug zu sein.

Doch als die ersten Leute herausfanden, dass ich in Quarantäne war, begann eine Zeit, in der mich Gott wieder einmal eines Besseren belehrte: Ich bekam jeden Tag mindestens ein Päckchen von Menschen, die an mich dachten. Aus ganz Deutschland erreichten mich liebevoll verpackte Überlebenspakete voller Süßigkeiten, Bücher, Gesichtsmasken, Postkarten und vielen weiteren Dingen. Gott öffnete mir Tag für Tag die Augen für all die Menschen, die für mich lieben, und ich erlebte, wie die Samen, die ich in all den Jahren hinter den Bühnen und zuletzt auch in den sozialen Medien gesät hatte, aufgingen und wie viel Segen ich zurückbekam.

In dieser Quarantänezeit wurden mein Blick, meine Ohren und mein Herz für alle jene Menschen geöffnet, die in meinem Leben sind, die sich um mich herumgestellt haben und die gesagt haben: »Hey, wir beten für dich, wir tragen dich mit.« Ich erlebte die Kraft und Dimension von Freundschaften und Familie noch mal ganz neu und verstand, was mit Beziehungen eigentlich gemeint ist. In dieser Zeit habe ich mich so geliebt gefühlt wie nie zuvor. Mitten in diesen Wochen sagte ich einmal: »Mama, ich lebe heute so viel mehr Beziehung als noch vor einem Jahr.« Ich erlebte und erlebe heute noch, wie Gott meine jahrelangen Gebete beantwortet. Ich bin ganz und gar nicht mehr einsam, ich bin nicht nur gesehen, sondern wirklich erkannt, werde nicht nur bewundert, sondern wirklich geliebt.

Prägend war auch meine Freundschaft mit Annika. Als wir uns das erste Mal gesehen haben, ist sie mir nicht einmal so wirklich aufgefallen. Sie bot mir damals an, dass ich mich bei ihr melden könnte, wenn ich mal eine Übernachtungsmöglichkeit in ihrer Stadt bräuchte. Und so kam es: In der Nacht bevor ich meinen damaligen Freund kennenlernte, übernachtete ich bei ihr. Und in der Nacht, als unsere Beziehung auseinanderging, schrieb ich ihr wieder. Annika blieb wach und wartete auf mich. Obwohl sie am nächsten Morgen früh rausmusste und obwohl sie mich eigentlich kaum kannte, öffnete sie in dieser Nacht ihre Haustür und ihr Herz und war für mich in diesem Moment wirklich Jesus. »Hier hatte es angefangen und hier hört es auf«, dachte ich mir damals.

Heute weiß ich: Als ich dachte, ich sei am Ende, hat Gott erst den Anfang von etwas viel Bedeutenderem gesehen. Annika betet für mich, seit wir uns begegnet sind. Sie ist eine stille Supporterin und beeindruckt mich mit ihrer Treue und Demut. Ihr Leben ist ein Beweis dafür, dass Gott nicht nur die lauten Personen, die vorne in der ersten Reihe stehen, gebraucht und sieht – sondern jedes einzelne Herz. Als ich in Quarantäne war, lernte Annika gerade zu Hause für ihre Abschlussprüfung. Wir begannen eines Tages damit, jeden Tag eine Stunde zu facetimen. Wir fingen an, gemeinsam die Losungen zu lesen, zusammen zu beten, alles, was uns auf dem Herzen lag und letztlich Leben zu teilen. Tag für Tag sahen wir vielleicht nicht direkt eine Veränderung, aber nach Wochen und Monaten sahen wir die Früchte beharrlicher Treue, beständigen Gebets und gegenseitigen Commitments. Gott arbeitete an unseren Herzen und veränderte uns radikal. Annika trug mich mit und ich trug sie. Ich glaube, dass in dieser Zeit die wichtigsten Fundamente unseres Lebens neu gebaut und gefestigt wurden. Wir haben Freundschaft, Gebet und Anbetung in unserem Alltag kultiviert.

Ich möchte auch dich unbedingt ermutigen, in Zweierschaft zu leben. Verabrede dich mit einer Person zu verbindlichen Zeiten und trefft euch – auch online – zum gemeinsamen Gebet und Bibellesen. Auch physische Distanz muss uns nicht voneinander entfernen. Gott sagt, wo zwei oder drei in seinem Namen versammelt sind, da ist er mitten unter ihnen. Es ist gut, gemeinsam unterwegs zu sein, sich gegenseitig anzuspornen, herausfordern, zu ermutigen, ehrlich zu werden und ehrlich zu sein. Es ist wichtig, Verantwortung zu lernen und Verpflichtung einzugehen. Das erhöht die Konstanz. Wenn ich morgens müde bin, stehe ich dennoch auf, weil wir verabredet sind und weil ich weiß, dass ein Tag nach dem anderen sich aufaddiert zu einem Leben – und sich so Kultur etabliert.

Es gab in den letzten Jahren keine Phase, in der ich mehr Zeit in Gottes Nähe verbracht habe. Theoretisch hatte ich vieles schon längst verstanden und durchblickt. Doch mir wurde noch einmal ganz neu bewusst, was absolute Abhängigkeit von Gott bedeutet. Ich bin abhängig von diesem Vaterherz, das mir Identität zuspricht und mich daran erinnert, in wem mein Wert gegründet ist und auf welchem Fundament ich stehe.

Gott musste die Notbremse ziehen und mich anhalten, damit ich zur Ruhe komme und vor ihm auf die Knie falle. Ich musste erst vollkommen ruhig werden, damit Gott mir zeigen konnte: Ich wünsche mir, dass du nicht erst in die Knie gehst, wenn du keine Kraft mehr zum Stehen hast, sondern dass du vor mir auf die Knie gehst, damit du weiter stehen kannst.

Ruhe war mir vor der Corona-Zeit fremd. Ich bin ein total aktiver Mensch, der immer unterwegs ist und der es liebt, ständig an neuen Orten zu sein. Doch diese Corona-Zeit hat mir gezeigt, dass ich ganz viele Dinge für Gott tun kann und damit immer noch nicht sein Werk tue. Denn er sehnt sich im Ersten nach einer tiefen und intimen Beziehung mit seinen Kindern – mit mir und mit dir. Warum? Weil er uns wirklich liebt und sogar bereit ist, uns seine Liebe zu beweisen, sich uns zu offenbaren. Vertrautheit entsteht nicht durch einmalige Begegnung, sondern dann, wenn wir uns beständig erkenntlich zeigen, miteinander Zeit verbringen, den anderen kennenlernen. Ich war lange viel unterwegs, um von Gott zu erzählen. Jetzt war die Zeit, nach Hause zu kommen, um mit Gott zu reden.

Die Zeit der Quarantäne hat mich herausgefordert, anzuhalten und wieder anzukommen in einer Ruhe, von der ich dann weitergehen durfte. Gott hat mir in dieser Zeit von absoluter Pause gezeigt, dass ich gar nicht dazu aufgefordert bin, etwas von mir selbst zu geben, sondern dass ich eingeladen bin, von ihm weiterzugeben. Ich muss gar nicht alles aus eigener Kraft schaffen. Im Gegenteil: Um seinen Segen weiterzugeben, darf ich diesen erst empfangen. Ich darf zur Ruhe kommen und offene Arme und leere Hände haben, die in der Lage sind, Segen zu empfangen. Denn nur das, was ich auch in mir trage, kann ich weitergeben.

Im Letzten geht es um die Frage: Wer bin ich ohne meine Beziehung, ohne meine Auftritte, ohne meine Reisen, ohne meinen Studienalltag, ohne Social Media? Woran mache ich eigentlich meinen Wert und meine Identität fest? Gleiches gilt für dich. Letztendlich geht es um die Frage: Wer bist du ohne deine Beziehung, ohne deinen Sport, ohne deinen Studienalltag, ohne Social Media? Woran machst du eigentlich deinen Wert und deine Identität fest? Worauf baut dein Leben? Und: Stehst du auf diesem Fundament sicher?

In einem Moment, in dem mir einiges genommen wurde, stand ich vor Gott und er fragte mich: »Hey, bist du immer noch hier bei mir? Weißt du immer noch, wer du wirklich bist, Jana?« Und da wusste ich es: Ich bin Kind. Sein geliebtes Kind.

Ganz anders – und viel besser

Kurz vor meinem 22. Geburtstag saß ich in meinem Auto und hatte den Gedanken: Hätte man mich mit 15, 16 Jahren gefragt: »Hey Jana, wie stellst du dir dein Leben vor?«, hätte ich etwas ganz anderes gesagt, als heute Realität ist. Ich hätte nicht von einem Medizinstudium erzählt, nicht von großen Bühnen, sondern von einer jungen Ehe und einem Leben jenseits der Kameras. Doch im gleichen Atemzug und nächsten Gedankengang dachte ich dann: Ich lebe meinen Traum. Ich liebe mein Leben. Nahezu täglich kann ich mein Glück, all den Segen, kaum fassen! Die Farben, aus denen mein Leben heute besteht, waren mit 15 oder 16 Jahren noch gar nicht in meinem Farbkasten. Ich konnte mir das Leben, das ich heute führe, nicht wünschen, weil ich es gar nicht erahnen konnte. Nichts von all dem, was ich erlebt habe, habe ich geplant. Für einiges habe ich nicht einmal gebetet. Es war außerhalb meines Horizonts. Es erstaunt mich, wie viel weiter Gottes Horizont ist. Und ich bin dankbar, dass sich dieser nicht aus meiner Perspektive misst.

Es gab eine Zeit, in der ich eine Krise mit Gott hatte und ich mich immer wieder gefragt habe: Wenn doch immer geschieht, was Gottes Wille ist, warum erzähle ich ihm dann überhaupt von meinen Wünschen? Es ist gut und schön, dass ich Wünsche habe, und ich kann mir auch Dinge erhoffen, aber letztendlich ist es scheinbar doch so, dass ich entweder Glück haben kann, und mein Wunsch entspricht zufällig Gottes Wille, oder ich kann Pech haben und es ist nicht sein Wille. Ich muss meinen Willen immer seinem Willen unterordnen. Natürlich wusste ich, dass Gottes Wille immer besser ist und zu meinem Besten dient, aber ich fand das einfach unfair.

Auf diese Frage habe ich lange keine Antwort bekommen. Diese Spannung zwischen: »Ich will dir glauben« und »Was, wenn mein Wille und mein Wunsch nicht mit deinem, Gott, kompatibel sind?« hat sich nicht gelöst. Und doch ist es so, dass ich meinen Gott kenne. Ich habe ihn erlebt und erfahren und ich weiß um seinen Charakter, ich weiß, dass er gut ist und es am besten meint. Diese tiefe Gewissheit, gegründet in Erfahrung und Erlebtem, ließ mich einfach kapitulieren – trotz offener Fragen. Ich konnte mich dafür entscheiden zu sagen: »Okay, ich glaube dir, dass dein Wille besser ist«, aber lange Zeit konnte ich das nicht fühlen und nicht verstehen.

Meine Zukunft habe ich mir vor sieben Jahren völlig anders ausgemalt und doch kann ich heute sagen: Ich lebe meinen Traum. In diesem Moment im Auto hat Gott mir die Augen geöffnet, die Spannung gelöst. Mein Schöpfer kennt mich wirklich besser als ich mich selbst und er hat Dinge in mein

Herz gesät, um die ich gar nicht bitten kann, weil ich gar nicht um sie weiß. Wenn er mir meine Wünsche nicht beantwortet, dann nur, weil er die wahre Sehnsucht meines Herzens kennt, sie wahr- und ernst nimmt und beantwortet.

Diese Erkenntnis hat mich in Ehrfurcht wieder dastehen lassen vor einem Gott, der es wirklich besser mit mir meint, als ich es mir vorstellen kann. Sein Horizont ist weiter, als ich ihn aus meiner Perspektive erfassen kann. Wenn Gott mir meine Wünsche nicht erfüllt, dann nicht, weil er unfair oder ungerecht ist, sondern weil Gott ein Vater ist, der es ehrlich meint, wenn er sagt: »Hey, ich habe was Besseres für dich, was Größeres. Ich möchte dich in deine Berufung führen und auf geebneten Wegen laufen lassen.« Er ist ein Gott, der mich zum Vertrauen auffordert – und nie enttäuscht. Das Leben, das ich heute führe, entspricht dem Traum, den ich mich nicht mal gewagt hatte zu träumen. Sein Wille inkludiert meine Wünsche, weil er mein Herz wirklich kennt und weiß, was ich brauche.

Noch immer kurz vor meinem 22. Geburtstag ging ich wieder mal mit meinem Papa spazieren. Wenn wir spazieren gehen, sagt mein Papa manchmal Sätze wie: »Erst mit 45 Jahren habe ich dies oder jenes verstanden.« Und auf einmal hatte ich das Gefühl, dass ich mit 22 Jahren auf einer allerersten Plattform angekommen bin und jetzt in einem Ruhemoment auf das erste Stück meines Lebens zurückgucken und viele Dinge, die ich bis hierhin gelernt habe, erkennen durfte. Und so stelle ich mir vor, dass ich irgendwann mit meinem Kind spazieren gehen werde und sagen werde: »Schon mit 22 Jahren durfte ich verstehen, dass Gott nicht zu allen unseren Wünschen Ja sagt, aber alle seine Versprechen erfüllen wird.« Und das ist mehr, als wir uns wünschen können.

Oft sagen Leute »*Youth is wasted on the young*«, »Die Jugend ist an die Jugend verschwendet«. Sie meinen, dass junge Leute ihre Jugend gar nicht richtig zu schätzen wissen. Dem kann ich nicht zustimmen. Im Gegenteil: Ich liebe es, jung zu sein! Ich bin dankbar für die Energie und für das Gefühl, dass die Tage noch formbar sind, dass ich mir noch erträumen kann, wie das Leben aussehen wird, dass ich Wege noch ganz neu begehen darf. Ich war gerne 16, ich wurde gerne 18, und ich bin super gerne 22.

Bei einem Besuch bei meiner Freundin Annika kam ich schließlich auf die Idee – es erschien mir wirklich als das Naheliegendste auf der Welt –, mir im Jahr 2020 eine kleine 22 stechen zu lassen.

Jedes Jahr habe ich ein neues, persönliches Jahresmotto. Das denke ich mir nicht aus, sondern es »kommt einfach so«. Kurz vor meinem 22. Geburtstag hatte ich einen neuen Gedanken aufs Herz gelegt bekommen: *Twenty-two – Double the blessing*. Es war für mich weniger eine Zusage, dass mein eigenes Leben immer mehr gesegnet sein wird, sondern der Gedanke: Ich will jemand sein, der Segen im Leben anderer vermehrt. Ein Mensch, dessen Wirken, dessen Sein, dessen Worte, dessen Einfluss Segen in das Leben anderer Menschen bringt.

Im Neuen Testament wird das Wunder von der Brotvermehrung erzählt. Als mehrere Tausend Menschen feststellen, dass sie nicht genügend Proviant eingesteckt haben, nimmt Jesus fünf Brote und zwei Fische, die ein Junge dabeihat, und vermehrt sie, sodass die ganze Menschenmenge satt wird. Fünf

Brote und zwei Fische werden für mehrere Tausend Menschen zum Segen. Für mich ist das auch ein Bild für unsere Talente und Begabungen, die wir geschenkt bekommen haben. Meine Chance, aber auch meine Verantwortung ist es, so damit zu wirtschaften und zu haushalten, dass sie Segen in das Leben anderer Menschen bringen und sich der Segen so vermehren kann.

Wenn ich überlege, was meine Berufung ist, dann schaue ich gern auf die Beziehung von Paulus und Timotheus. Paulus ist nicht nur selbst im ganzen Mittelmeerraum herumgereist, hat gepredigt und Briefe geschrieben, er hat auch junge Mitarbeiter wie Timotheus angelernt. Timotheus war nicht der erste Christ in seiner Familie. Schon seine Mutter und seine Großmutter waren Christinnen gewesen. Trotz seines jungen Alters machte der Apostel Paulus Timotheus zu einem seiner engsten Mitarbeiter.

In einem seiner Briefe schrieb Paulus an Timotheus: »Mein lieber Timotheus! Werde stark im Glauben durch die Liebe, die dir mit Jesus Christus geschenkt ist. Was du von mir in Gegenwart vieler Zeugen gehört hast, das gib an zuverlässige Christen weiter, die wiederum fähig sind, andere im Glauben zu unterweisen.« (Zufällig steht das im 2. Tim. 2,2.) Paulus hat in Timotheus investiert und so Segen an Timotheus weitergegeben. Und Timotheus hat wiederum Segen an andere Menschen weitergegeben. So wurde das Evangelium an immer mehr Orten verkündet – der Segen hat sich multipliziert. Ich will genauso sein: Genauso ein Timotheus, der empfängt und weitergibt, und genauso ein Paulus, der in andere investiert, was er selbst geschenkt bekommen hat.

Egal, wie bekannt mein Name in dieser Welt und in dieser Zeit noch wird, irgendwann werde ich zu einer vergessenen dritten oder vierten Generation gehören. Jeder kennt die Namen seiner Eltern, die meisten kennen auch noch den Namen ihrer Großeltern. Bei den Urgroßeltern wird es schon schwieriger. Spätestens bei der vierten Generation hört es bei fast allen Menschen auf. Irgendwann werde auch ich zu einer vergessenen Generation gehören. Aber ich wünsche mir, dass ich wie Paulus, Timotheus und unzählige andere Menschen dazu beitragen kann, dass Gottes Name über die Generationen hinweg nicht in Vergessenheit gerät. Diesen Auftrag sehe ich in den Versen von 2. Timotheus 2, 2. Dass ich von Gottes Botschaft hören durfte, ist purer Segen. Ich möchte dazu beitragen, dass dieser Segen von Generation zu Generation weitergegeben wird.

Ich persönlich liebe die Psalmen, weil ich mich so gut mit den Emotionen der Texte identifizieren kann. Sie sind Lob- und Klagelieder zugleich. Es gibt Psalmen, die loben und danken, Psalmen, die klagen und flehen, und sogar Psalmen, in denen vor Wut geflucht wird. Sie zeigen, dass du mit allem, was du fühlst, zu Gott kommen darfst und dass du damit bei Gott Gehör findest, dass er deine Gefühle ernst nimmt. In Psalm 145,4 heißt es: »Eine Generation soll der anderen von deinen Taten erzählen.« Das ist unser Auftrag. Von Generation zu Generation heißt für mich auch von Ewigkeit zu Ewigkeit. Wenn ich wirklich an ein ewiges Leben glaube, dann muss es heute beginnen, sonst wäre es nicht ewig.

Auch Annika hat sich die 22 tätowieren lassen – an der gleichen Stelle. Wir teilen nicht nur ein Motiv, wir sind auch gemeinsam unterwegs. Es ist für uns eine Erinnerung an eine der intensivsten Zeiten unseres Lebens, an die Zeit, in der Gott ein echtes Fundament in unserem Leben gebaut hat. An die Zeit, in der wir die Kraft von Zweierschaft, von echtem Sichbegleiten, Mittragen, Lebenteilen und Glaubenleihen, wenn es nötig ist, erlebt haben. Als ich Annika kennengelernt habe, war sie ein Mädchen, das von Unsicherheit und Selbstzweifeln begleitet wurde. Heute ist sie eine Frau, die entschieden, mutig und liebevoll auf Jesus weist. Ihr Leben beweist für mich die Veränderungskraft des Kreuzes: Annika hat sich mit 22 Jahren taufen lassen und ihr Leben Jesus gegeben.

Die 22 ist nicht nur eine simple Altersangabe. Nicht nur – aber auch. Sie ist auch eine Hommage an die Jugend und ein Ausdruck purer Dankbarkeit für den Segen, den wir in dieser Zeit erleben durften. Als ich bei dem Tätowierer, der mir empfohlen wurde, anrief, war er ausgebucht bis zum März nächsten Jahres. Nur am 22. Juni hatte er noch einen Termin frei. Spätestens da wusste ich: *It's a sign.*

Wenn ich sage: Jede Geschichte hat ein Ende, dann soll das nicht beängstigen, sondern ein Denkanstoß sein: Welche Geschichte soll mein Leben erzählen? Als Medizinerin stehe ich zu oft am Bett von Patienten, die auf dem Sterbebett klagen: »Hätte ich doch dies oder jenes getan.« Aber: Es lebt sich nicht im Konjunktiv, es lebt sich nicht vom Ende des Lebens. Deswegen hast du als junger Mensch die Chance, dir heute zu überlegen, welche Geschichte dein Leben erzählen soll.

Du musst dein Ziel kennen, um Schritte in die richtige Richtung zu gehen, um dort hinzukommen, wo du enden willst. Ich bin überzeugt, dass dein Leben ein Zeugnis sein kann. Eine Geschichte, die auf Gott weist, in der er sich finden lässt, die davon erzählt, wie er dich verändert hat und was dir zum Segen wurde. Zeugnisse ermutigen und erreichen Menschenherzen. Während biblische Geschichten vielen manchmal irgendwie veraltet oder fremd vorkommen, sind es die Geschichten aus dem Leben der Menschen heute, ist es deine oder meine Geschichte, mit der sich Menschen identifizieren können, zu der Menschen sagen können: »Hey, das habe auch ich erlebt« oder »Mir geht es ähnlich«. Du kannst deinen Mitschülern, deinen Arbeitskollegen oder deinen Kommilitonen auf Augenhöhe begegnen. Manchmal bist du die erste oder die einzige Bibel, die ein Mensch jemals lesen wird. Nicht jeder Mensch muss predigen oder auf einer Bühne von Gottes Botschaft erzählen. Auch dein Leben erzählt.

Ich wünsche mir, dass mein Leben Gott bezeugt, dass mein Leben ein Zeugnis seiner Größe und seiner Herrlichkeit ist. Meine Vision ist, Segen zu sein, Segen zu säen und Segen zu vermehren.

Ich werde immer wieder gefragt: »Bist du zufrieden mit deiner Reichweite?« oder: »Ist das jetzt für dich ein Erfolg oder nicht?«. Und ich sage: »Es können zehntausend Follower sein, es können Hunderttausende sein, bis nicht jeder davon gehört hat, bis nicht jedes Herz die Möglichkeit hatte, Gott zu begegnen, sind wir nicht am Ziel.« Es geht nicht darum, dass jeder Mensch Tausende Menschen erreichen muss. Du kannst auch ein »Influencer« deines direkten Umfelds sein. Unterschätze deinen Einfluss nicht!

Wenn ich begeistert von meinem Glauben erzähle, bekomme ich viele skeptische Blicke ab. Oft höre ich: »Ja, Jana, irgendwann wirst du das genau so sehen wie wir.« Damit wollen sie sagen: Irgendwann wirst auch du abgeklärter und nüchterner auf das Leben schauen. Deine kindliche Begeisterung wird schon noch abnehmen. Hat sie aber nicht. Bis zum heutigen Tag nicht. Ich sehe es immer noch genau so, wie ich es damals mit 15 Jahren bei meiner Taufe gesehen habe: Gott, mein Leben liegt in deinen Händen. Ich will an meinem kindlichen Glauben festhalten, denn ein kindlicher Glaube ist kein naiver Glaube, der noch nicht ausgereift ist. Kindlicher Glaube ist ein trotziger Glaube, ist ein Glaube, der sagt »Jetzt erst recht« – auch in den Zeiten, in denen es sich nicht gut anfühlt, in Zeiten, in denen Gott nicht sichtbar scheint, und in den Zeiten, in denen alles gegen den Glauben spricht, jetzt erst recht.

Was ich lese, glaube ich: Gott ist mir in seinem Triumphzug vorausgegangen und ich bin eingeladen, in diesem Triumphzug mitzulaufen. Gott wurde ganz Mensch in der Gestalt seines Sohnes Jesus Christus. Er lebte dieses Leben. Dabei ließ er sich im Gegensatz zu uns keinerlei Schuld zukommen. Und dennoch ertrug er, was uns zugestanden hätte. Jesus kannte Niederlage, Verrat und er fühlte unseren Schmerz. Heilig und fehlerlos war er, als er ans Kreuz genagelt wurde und dort elend verreckte. Aber die gute Botschaft ist nicht, dass Jesus für unsere Sünden am Kreuz gestorben ist. Die gute Botschaft ist, dass er auferstanden ist: Er musste bis in den Tod gehen – um eben diesen zu überwinden: »Denn so wie bisher die Sünde über alle Menschen herrschte und ihnen den Tod brachte, so herrscht jetzt Gottes Gnade: Gott spricht uns von unserer Schuld frei und schenkt uns ewiges Leben durch Jesus Christus, unseren Herrn.« (Röm 5,21)

Der Sieg über den Tod ist errungen, Gnade hat gewonnen. Das ist nicht mehr ungewiss oder unsicher, sondern das Fundament, auf das ich mich stelle, und die Wahrheit, auf der ich laufe. In jede noch so herausfordernde Situation darf ich mit der Gewissheit gehen, dass über meinem Leben Sieg steht. Selbst in Anbetracht zwischenzeitlicher Niederlagen steht im Letzten der Sieg. Das ist ein Versprechen, das mich kühn werden lässt. Es ist auch ein Versprechen, das mich auffordert zu einem »frechen« Glauben. Ich glaube, dass nichts unmöglich und nichts zu groß ist. Meine Vision braucht Gott – und er ist das Größte.

Manche Menschen finden es ziemlich vermessen und anmaßend, wenn ich davon erzähle, wie Gott mit seinen Träumen für mein Leben meinen kleinen Rahmen sprengte. Doch ich glaube fest daran, dass er nicht nur für mein Leben große Träume hat, sondern auch für dein Leben. Auch über deinem Leben steht Sieg. Auch vor dir liegt ein geebneter Weg, geführt in seinem Triumphzug. Es steht dir einfach zu. Du bist eingeladen. Du darfst es annehmen, glauben und erleben. Ich lade dich ein, es auszuprobieren, Gott deinen Rahmen sprengen zu lassen. Gott ist ein grenzenloser, triumphaler Gott, der sich darauf freut, dir in wundersamer Weise zu begegnen und durch dich Wunder zu tun.

Verdoppelter Segen

ch liebe dich, Jana« – so lautet Gottes Antwort auf die Frage, die ich ihm stellen wollte, wenn ich einmal vor seinem Thron stehen werde. Doch heute weiß ich: Seine Antwort gibt er mir jetzt schon. Er zeigt mir seine Liebe jeden Tag, im Großen wie im Kleinen. Das finde ich ehrlich gesagt krass an Gott. Ich bin eine von Milliarden und ihm dennoch wichtig genug, um mir persönlich zu begegnen. Jedes einzelne Geschöpf ist dem Schöpfer so wichtig, dass er sich ihm zuwendet. Er wird nicht müde, mir und dir nachzugehen. Gott wird nicht aufhören, um unser Herz zu werben, er wird nicht aufgeben, auch wenn wir an ihm zweifeln oder ihn sogar ablehnen. Gott ist die Liebe und er ist treu. Er kann sich gar nicht selbst untreu werden. Und wie könnte er anders auf die Frage nach seiner Liebe antworten, als damit, sich selbst zu offenbaren?

Als ich mir letztens alte Fotos anschaute, fiel mir auf, dass ich im Jahr 2020 seit fünfzehn Jahren krebsfrei bin. Die Zeit ist so schnell vergangen. Ich habe aufgehört, die Jahre zu zählen und durfte einfach leben. In dem Moment dieser Erkenntnis wurde mir wieder bewusst, was für ein Geschenk genau dieses Leben ist. Gottes »Ja« steht noch immer über meinem Leben und noch immer steht seine Antwort auf die Frage, ob er mich liebt, fest. Ja, er liebt mich, sehr sogar.

Zu meinem Jubiläum bekam ich von einer Freundin Blumen und eine Postkarte zugesendet, auf der geschrieben stand: »An diesem 15-Jahre-krebsfrei-Jubiläum feiere ich dich und deinen durch Proben so wunderbar geschliffenen Charakter.« Ich fühlte mich so wertgeschätzt und so geliebt. Ich liebe es, Blumen geschenkt zu bekommen, und freue mich jedes Mal mit einer wirklich kindlichen Freude. Was für eine Überraschung! Dieses Mal sah ich Gottes Handschrift darin. Ja, wir können darauf warten und dafür beten, dass wir Gottes Stimme auditiv hören und er im Gebet wirklich dialogisch zu uns spricht. Aber wir dürfen auch erwarten, Gottes Wirken durch die Taten und das Leben anderer zu sehen, und die Geschenke freudig annehmen. Genauso sollten wir bereit dafür sein, dass Gott anderen durch uns begegnet.

Tag für Tag erlebte ich seitdem, wie Gott mir seine Liebe zeigte – manchmal zart und flüsternd, manchmal laut und deutlich, stets aber unmissverständlich. Ich konnte auf mein Leben zurückblicken und in so vielen Situationen auch im Nachgang Jesu Hand entdecken. Es gibt keine Zeit und keinen Moment, in dem Gott mich verlassen hat – also war er und ist er überall zu finden. In jeder Träne, auf jeder Bühne, jeder Zugfahrt, jedem Tag Lernen, jedem Alleinsein und jeder Begegnung. Den Gedanken, den ich für mein Lebensjahr gehört hatte: »22 – *double the blessing*«, den bestätigte er auf wundersame Art und Weise:

Ich wurde eingeladen, auf einer großen Bühne zu predigen, und fuhr gemeinsam mit Annika dorthin. Annika war zum ersten Mal dabei und erlebte mich erstmalig bei einem Auftritt. An diesem Sonntag sollte es vier aufeinanderfolgende Gottesdienste geben. Vor jedem Gottesdienst beteten wir gemeinsam – das mache ich immer so. Das Erste vor und nach der Bühne ist Gebet. Nach dem ersten Gottesdienst sagte jemand zu Annika, dass man wirklich gemerkt hat, wie sie mir geistlich den Weg freigebetet habe. Ich kann das bestätigen. Das sichtbare Wirken des einen erfordert das unsichtbare Wirken und Beten vieler. Meine Redezeit teilte ich mir mit dem Pastor vor Ort. Für mich persönlich war dieser Sonntag signifikant, denn ich erlebte, dass Gott nicht nur durch mich, sondern auch mir persönlich dient.

Ich wusste, dass ich genau getaktete acht Minuten Zeit für meinen Redebeitrag hatte, denn bei einer Livestream-Übertragung ist es wichtig, genau in den zeitlichen Vorgaben zu bleiben. Als ich fertig war, ließ der Pastor mich auf der Bühne bleiben und nahm sich trotz des engen Zeitplans mehrere Minuten Zeit, um mich zu ehren, in meinem Dienst zu ermutigen und mir den Rückhalt seiner Kirche zuzusprechen. Ich spürte, dass dieser Moment etwas Besonderes war. Im zweiten Gottesdienst tat er das Gleiche – allerdings vor meinem Redeanteil – um nach diesem für mich zu beten und mich in die Zukunft auszusenden.

Im letzten Gottesdienst gab er mir das Wort und ließ mich über und für meine Generation beten. Mir wurde so bewusst wie noch nie: Gott kann und will mich gebrauchen und er tut es auch – aber nur, weil ich in erster Linie sein geliebtes Kind bin. Und, weil ich mir dieser Identität bewusst bin. Als Geliebte werden wir die Welt verändern.

Am Ende eines langen Tages kam der Pastor zu mir und fragte mich unter vier Augen: »Was war das höchste Honorar, das du bei einem Auftritt je verdient hast?« Ich war überrascht von dieser direkten Frage. Denn gerade in christlichen Kreisen scheinen wir irgendwie zu glauben, dass es völlig normal ist, unsere Zeit, unsere Gedanken, unser ganzes Leben zu investieren und keine Vergütung dafür zu verlangen, weil »wir das ja alles für den Herrn tun«. Diese Haltung erklärt, wie es sein kann, dass so viele talentierte und begabte junge Menschen verheizt werden – von ihren Leitern. Dass junge Leute aufwendige Websites gestalten, Workshops geben oder das gesamte Catering übernehmen, wird in christlichen Kreisen häufig als völlig selbstverständlich hingenommen. Meistens erhalten sie für ihre Arbeit gar kein oder viel weniger Geld, als sie außerhalb einer Gemeinde erhalten würden. Doch Dienst braucht Anerkennung und Wertschätzung – auch finanziell. Wenn wir Exzellenz einfordern, dann sollten wir auch bereit sein, sie zu geben. Sollte ich selbst einmal eine Leitungsposition haben, werde ich anders handeln.

Als ich das erste Mal auf der Bühne einer christlichen Veranstaltung aufgetreten bin, war ich ein sechszehnjähriges, kleines blondes Mädchen, dem der Satz »wir tun alles für den Herrn« nicht zu selten gesagt wurde. Schnell wurde mir bewusst, dass auch das Missbrauch eines geistlichen Prinzips ist. Ich habe über die Jahre gelernt, Nein zu sagen. Ich mochte es noch nie, über den Wert meiner Arbeit verhandeln zu müssen, denn oftmals fühlte es sich so an, als würde ich über den Wert meiner Person diskutieren. Keine Wertschätzung zu zeigen, ist respektlos, und dass Wertschätzung sich auch finanziell ausdrücken kann, ist eine Wahrheit, von der ich mir wünschen würde, dass sie auch unter Christen Fuß fasst.

Nun stand ich also da und wurde nach meinem höchsten Verdienst gefragt. Ich beantwortete ihm diese Frage und er sagte, dass er während des Lobpreis-Teils von Gott die klare Aufforderung bekommen habe, mir diese Frage zu stellen und mir unabhängig von der Höhe meiner Antwort ein höheres Honorar zu geben. Dabei wusste er gar nicht, dass das ein Thema für mich war, über das ich mir schon lange Gedanken machte und bei dem ich immer den Eindruck hatte, um die Anerkennung des Wertes meiner Arbeit kämpfen zu müssen. Der Pastor sprach diesen finanziellen Segen auch als eine Prophetie aus, als einen Zuspruch für meine Zukunft. Er tat das nicht auf der Bühne, nicht vor den Augen und Ohren aller, nicht für Applaus oder um zu zeigen, wie großzügig er war, sondern aus echtem Gehorsam und echter Treue gegenüber Gott und ehrlicher Wertschätzung für meine Arbeit. An diesem Abend verdoppelte er meine Gage. Er verdoppelte den Segen.

»Ich liebe dich, Jana« – das ist Gottes Antwort auf meine Frage. Und es ist gleichzeitig auch ein Satz, den ich heute aus dem Herzen und dem Mund meines Gegenübers hören darf. Auch darin offenbart Gott sich mir in seiner Liebe – durch einen Menschen.

Schon oft habe ich erlebt, dass Gott in dem Zeitraum eines Jahres in meinem Leben wirkt – so war das auch bei diesem Thema. Ich habe in der Zwischenzeit nicht aufgehört, Gott hinterherzurennen, und habe die gebrochenen Teile meines Herzens täglich neu Gott hingehalten. Ich habe Vergebung ausgesprochen und um Vergebung gebeten. Ich habe Frieden empfangen, kurzfristigen Lügen zeitlose Wahrheiten entgegnet und alles Unverstandene meinem Gott vors Kreuz geworfen.

Kurz bevor ich meinen heutigen Partner kennengelernt habe, kniete ich in meiner stillen Zeit auf meinem Boden und hatte den Eindruck, dass Gott mir sagt: »Gut gemacht, meine treue und tüchtige Dienerin.« Es war wie eine Aufforderung, jetzt aufstehen und weitergehen zu können. Es war mein tägliches Gebet, echte Freiheit zu erleben. Ganz ohne Anklage. Monatelang konnte ich nicht verstehen, warum Gott mir diese Freiheit nicht einfach schenkte, wenn er doch könnte. Schließlich sollten meine Gebete erhört werden.

Wochen zuvor musste ich immer wieder an einen Menschen denken, von dem ich das Gefühl hatte, er würde an mir hängen. Immer hatte ich den Eindruck, ihn darum bitten zu müssen, mich freizugeben. Denn einerseits kann mein Herz an jemandem hängen und mich dadurch unfrei machen. Es kann aber auch jemand an mir hängen und mich damit unfrei machen. Doch ich wusste nicht, wie ich diesen Menschen ansprechen und darum bitten sollte, denn nachdem ich sein Interesse an mir bemerkt und nicht erwidert hatte, hatten wir keinen Kontakt mehr gehabt, und wer weiß, vielleicht täuschte mich mein Eindruck ja. Eines Abends stand ich im Badezimmer meines Elternhauses und putzte meine Zähne. Plötzlich und aus dem Nichts hatte ich eine tiefe und erlösende Gewissheit: »Ich bin frei.« Das war's. Ich bin frei. Ich ging in mein Zimmer, blickte auf mein Handy und sah eine Nachricht von genau dem Menschen, an den ich seit Tagen immer wieder denken musste.

Gott hatte mein Herz vorbereitet und ich konnte nun darum bitten, mich loszulassen und freizugeben. »In Freiheit, Jana«, waren die letzten Zeilen meiner Nachricht.

Tag auf Tag nach diesen Ereignissen begegnete mir die letzte große Liebe meines Lebens. Gott hat mich beim Wort genommen und sein Wort gehalten: Was ich mir gewünscht hatte, war nicht im Ansatz dem Segen entsprechend, den er schon lange für mich vorbereitet hatte. Mit offenen Armen und leeren Händen durfte ich und darf ich einfach empfangen. Ich habe nicht gesucht, sondern wusste und weiß mich gefunden von einer und in einer göttlichen Liebe.

Gott ist der Meister darin, Liebesgeschichten zu schreiben. Die ganze Bibel ist ein einziger Liebesbrief Gottes an die Welt. Ein himmlisches »Ja« zu dem Leben seiner irdischen Kinder. Genauso schreibt er auch deine Lebensgeschichte als seine Liebesgeschichte. Er kennt deinen Namen. Er ruft nach dir. Sehnt sich danach, dir zu begegnen. Gottes Geschichte mit dir hat längst begonnen. Und deine mit ihm?

Ich kann dir nur davon erzählen, wie Gott in meinem Leben gewirkt hat. Wie er vor mir hergelaufen ist und Türen geöffnet hat, wie er mich getragen hat, als ich nicht mehr gehen konnte, wie er in der Dunkelheit Licht angemacht hat, wie er mit mir gefeiert und mich angefeuert hat, wie er mit mir geweint und mich nie in der Dunkelheit gelassen hat. Mein ganzes Leben soll auf Gott weisen. Alles, was war, und alles, was noch kommen wird, soll darauf weisen, dass er wirklich gut ist und das Segenweitergeben sein Herzschlag ist. – Auch in deinem Leben. Wenn wir Gott alles geben, was wir haben, dann ist es unwichtig, wie viel oder wenig das sein mag, er vermehrt es in unserem eigenen Leben und dem vieler anderer. So multipliziert sich sein Segen.

Ich weiß nicht, was die Zukunft bereithält, aber ich weiß, wer die Zukunft in seinen Händen hält. Und solange ich atme, bin ich mir sicher: Gott hat noch was vor.

Danke

Mama und Papa, euch danke ich mein Leben lang.

Danke, Annika. Ich bin stolz auf die Frau, die du geworden bist, und keins meiner Worte würde ausreichen, um die Freude zu beschreiben, die ich über dich habe. Deine Demut ist bezeichnend und deine Freundschaft mir ein Segen.

Danke, Mark. In dir begegnet mir die Liebe Christi. Du bist mehr, als ich mir hätte wünschen können. Mit dir bin ich lebendiger; fühle tiefer, träume größer und gehe weiter. Über uns steht ein offener Himmel und wir weisen auf ihn.

Ich liebe dich.

Texte, die in den Kopf gehen und das Herz berühren

104 Seiten
Klappenbroschur
ISBN 978-3-451-38479-0

Jana schreibt über Gott und die Welt, über erste Begegnungen und letzte Atemzüge, über die Suche nach Wahrem, das Scheitern und Wiederbeginnen, über Hoffnung und Freiheit. Ihre Texte sind geprägt von tiefem Vertrauen und dem Glauben, dass jeder Mensch von Gott gewollt und geliebt ist.

In jeder Buchhandlung!

HERDER

www.herder.de